人生沒有最糟糕的日子，
只有迎接全新自我的那天

轉身，就是向陽處

翡翠小太郎

本書結合二〇一二年出版的《受挫時，救贖你的金玉良言（心が折れそうなときキミを救う言葉，暫譯）》與二〇一三年出版的《這些話能拯救看不到明天時的你（明日が見えないときキミに力をくれる言葉，暫譯）》，進行部分修改後再出版。

最糟糕的一天並非不幸的一天，
而是邁向全新的自己的那一天。

前言

「生命不是在等待暴風雨過去，
而是在學習如何在雨中跳舞。」

（薇薇安・格林／美國作家）

身為漫畫家的他，不管再怎麼畫還是一直被退稿。他感到相當挫折，心想或許是自己沒有畫畫的天賦，沮喪到連站起來的力氣都沒有……這看起來是不是他最糟糕的一天呢？其實，就是在這最糟糕的一天，這位漫畫家畫出了一部改變了他的命運的漫畫，那就是尾田榮一郎的超人氣國民漫畫《ONE PIECE》。

聽到醫生宣告自己「只剩5年壽命」應該是人生最糟糕的一天吧？

這個人正是孫正義，而他就是在聽到這件事以後，才恍然大悟自己這一生最重視的是什麼，於是軟銀集團（SoftBank）便有了勢如破竹的發展。

「我不管做什麼事情都很慢，而且我的頭腦又不好，所以普通人３天就學得會的事情我可能要花30年才會搞懂。我現在還是有東西要學，但可能學了好幾年還是一點進步都沒有，可笑到連我自己都笑了。」這個人正是不斷遭遇一連串的失意與絕望直到50歲，最後創作了《麵包超人》的漫畫家柳瀨嵩先生。

花30年才學得會普通人３天就學會的事，這樣的人生挺艱難的吧？

滿懷幹勁地高喊：「我要開一間公司！」終於迎來了第一次的啟航，結果卻與掌握天下的德川御三家的船隻相撞，好不容易得到的船就這樣沉沒。這可以說是人生中最糟糕的一天吧？然而，坂本龍馬卻因這起事件，創造出賺取億萬財富的機會。

目標成為作家，卻沒有出版社願意出書，於是自掏腰包，卻賣不出一本書。這對一個目標成為作家的人來說，可說是最糟糕的一段日子吧？

這便是日本大文豪——宮澤賢治的人生。

只要讀一讀偉人的傳記就能明白一件事。
最糟糕的那一天並非不幸的一天。
而是邁向全新的自己的那一天。
所有糟糕的事都是預兆，暗示我們的人生要變得超乎想像的有趣。
讀一讀偉人的傳記，我們才會建立起鳥瞰人生的視野，明白這些偉人都是因為有當時發生的不幸，他們的未來才會有這些幸福的到來。

這些偉人還教會我們一件事：
沒有困難的人生將會是平淡無奇的人生，
曾有過困難的人生才是值得感激的人生。

換言之，只要讀一讀偉人的故事，這個世界的不幸就會消失。
最糟糕的情況都是意味著我們要放下過去的自己，告訴我們是時候跳到一個全新的時空。我們已經無法向前走，也無法向左右或後退逃避。因為，在這樣的困境中，就只能往上跳到更高的維度。「困」這個字寫起來就是一棵樹的四周都被圍住了，就只有正上方是開放的。是的，是時候往上跳了。

請放心，人只要活著，自然就會遇到問題和煩惱。

但是，這些偉人的故事都在告訴我們，在我們決定要跟問題及煩惱一決勝負的那刻，那些「牆」都會化為遇見全新自我的那道「門」。

這就是用一秒改變世界的唯一方法。

那麼，這些偉人都是如何從逆境之中改變自己的命運呢？

就讓我們一探究竟吧。

翡翠小太郎

轉身，就是向陽處

人生沒有最糟糕的日子，只有迎接全新自我的那天

第1章 永不放棄逐夢的名人格言

第2章 化危機為轉機的名人格言

第3章 跨越逆境的名人格言

第4章 告訴我們「成功之路必有同行者」的名人格言

第1章

永不放棄逐夢的名人格言

我才不做
無趣的冒險！

——魯夫

再怎麼畫還是被退稿

這個男人在17歲畫的短篇漫畫《WANTED！》入選「手塚獎」。於是，後來他便有了一位責任編輯，覺得自己要終於要大顯身手的他從熊本前往東京。據說，當時他覺得自己很快就能成為暢銷漫畫家。

可惜，現實終究是殘酷的。他提出的作品草稿（大綱）完全過不了編輯那一關，更不用說開始漫畫連載。

「當我意識到自己的能力不足時，我覺得在我面前的牆看起來愈來愈高。要在一週之內畫出多達19頁的漫畫，內容還要有趣吸引人，根本不是人類做得到的事。我覺得這只有天生的漫畫家才能做到，這個認知讓我備受打擊。」

再怎麼畫還是不停地被退稿，無止境的退稿……

我不行了……已經無法再堅持下去了……

那個男人感到筋疲力盡……他覺得自己沒有才華，深深地感到絕望。
他就這樣倒在房間裡，一動也不想動。這樣的狀態持續了一星期，他甚至興起了放棄當漫畫家的念頭，開始考慮要不要當個上班族就好。
不過，就在這個時候，他的責任編輯來到他的住所。
編輯對他說：

「我從來沒看過拚了命卻沒有回報的人。」

你的努力一定會有回報的那一天……
編輯平時總愛跟他吵架，但這句不經意的話讓他放聲痛哭。
隨後，他的內心湧現了力量，讓他覺得自己還能繼續努力。
哭泣的「泣」是由「淚」字的部首「氵」與「立」字組合而成。
這個男人哭過之後重新振作起來，並創作出一部漫畫巨作。

沒錯，那是日本的國民人氣漫畫《ONE PIECE》。

這部漫畫自一九九七年開始連載，尾田榮一郎當時22歲。

人生的劇本其實是有規律的。

當你拚盡全力卻沒有結果，覺得自己「已經不行」，筋疲力盡的那一刻，就會遇到改變人生的重大場面。

就像《ONE PIECE》的世界觀一樣。

當人拚盡全力直到筋疲力盡時，便會湧現出無窮無盡的力量。

即使是像尾田這樣的漫畫家，也不是一開始就擁有出眾的才華。

他相信自己心中的那一座井，並且不斷地持續挖掘，終於挖掘出自我可能性的源泉。

就先拚命試半年

接下來，我想跟各位介紹一間位於沖繩的排骨麵店的故事。

朋友曾帶我去一家沖繩的排骨麵店，即使接近下午三點，店內依然高朋滿座。我對老闆說：「你們家的生意真的很好呢。」而老闆告訴我，其實以前根本沒什麼客人光顧。

原來，這家店面所在的地段沒有什麼人潮，在這裡開店的餐廳每開一間就倒一間。那時，排骨麵店的老闆也有意關店，不過，他還是決定在放棄之前，再拚個半年試試看。

於是，他寫出自己當下能做的所有事，像是店裡沒客人時就去發傳單、打掃廚房等等，抱著豁出去的決心做完所有當下能做的事。結果，慢慢地就有愈來愈多的客人光顧，不到半年的時間，這間排骨麵店就變成大受歡迎的店家。

我們沒辦法永遠都拚了命地在努力，但只要給自己設一個期限，我們一定做得到。

人生中有一段全力以赴的時期是件非常美好的事。即使結果不盡如人意，那份認真的態度也會深深烙印在靈魂中，並成為未來的養分。

首先就是把現在能做的所有事情寫在紙上並貼在廁所裡，然後一件一件地去實行。哪怕只有一次也好，你要不要試試看拚盡全力直到不能為止呢？現在就放棄自己還太早了。在你覺得自己已經拚不下去時，其實天使就在離你3公分之遠的地方伸手在等著你。

在這個宇宙之中，最有趣的事就是遇見未曾見過的自己。在這個宇宙之中，最大的東西就是你的可能性。假如你都不相信自己，還有誰會相信你呢？這裡就是你做自己的地方，展現出你的潛力吧！

千萬別小看自己的生命。

人生是一場冒險，哪怕只有一次也行。為了自己的夢想全力以赴，直到筋疲力盡為止吧。

回應眾人期待的人是明星，
而成為
超級巨星的條件是
超越眾人的期待！

——長嶋茂雄

我想用棒球讓全日本振作起來！

好快！
好快喔！
真的好快！
橋爪四郎遙遙領先，勇奪第一！

一九四九年，於美國洛杉磯舉行的游泳比賽（全美游泳錦標賽）首日，橋爪四郎選手在1500公尺自由式預賽A組中遙遙領先，甚至與第二名的選手拉開150米以上的距離，最後創下了18分35秒的驚人記錄，比先前的世界紀錄縮短了20多秒！

當時，在第二次世界大戰中戰敗的日本被美國佔領。在那個時候，外國人常常以「Jap」蔑稱日本人，類似中文說的「小日本」。隨後在全美游泳錦標賽的B組比賽中，古橋廣之進選手更是超越了橋爪選手。

據說，當古橋選手出發後，他的速度快到讓記者席一片譁然。

「這些小日本是怎麼一回事！」

古橋選手又刷新了世界紀錄，以18分19秒的成績引起全美震驚。抵達終點的古橋被外國人圍住，紛紛稱讚他是「偉大的泳將」、「富士山飛魚」。

這一刻，日本人從「小日本（Ｊａｐ）」變成了「日本人（Japanese）」。

當時的日本戰敗，百姓生活困苦，人們的自信蕩然無存。然而，日本選手刷新紀錄這一消息讓全日本為之沸騰。橋爪、古橋等日本選手壓制美國選手的出色表現，讓整個日本瞬間重新振作起來。

街頭上，甚至有人流著眼淚歡呼著：「萬歲！萬歲！」

原來運動可以如此鼓舞人心啊。

這份感動深深地烙印在當時還是初中二年級的長嶋茂雄的心中。

「總有一天，我也要用棒球讓全日本振作起來。」

少年時的長嶋茂雄夢想著自己在棒球場上揮棒出擊的身影。

「第四棒打者是長嶋茂雄。長嶋茂雄從容進入打擊區。他準備好了。第一球是曲球。第二球，長嶋茂雄揮棒打擊。這一球飛得又高又遠，中外野手追過去了。全壘打！長嶋茂雄轟出了漂亮的全壘打！」

仍是少年的長嶋茂雄無數次在腦海中進行這樣的實況轉播，想像自己擊出了全壘打。

身高160公分，綽號曾是「小不點」的長嶋茂雄

然而，當時的長嶋茂雄被取了一個綽號，就叫做「小不點」，他升上高中時的身高只有160公分，是整個班級裡最矮的人。

可是，他仍一直想像著自己轟出又高又遠的球，他的身高似乎也隨著他的想像愈來愈高。到了高中三年級，他竟然長到了177公分。

「老師！難道我得到了會長高的病？」

據說，長嶋茂雄還急忙地跑到保健室確認是不是自己生病了。

然後，由長嶋茂雄帶領的千葉縣佐倉第一高校（現為佐倉高校）在千葉縣大賽中脫穎而出，成功打入南關東大賽。這意味著，他們離甲子園更近一步了。然而，這時卻發生了一連串令人無法置信地的意外。佐倉一高的棒球隊自成立以來首次參加南關東大賽，選手們都因為太緊張而顯得手足無措。在進入球場前的最後練習中，第一棒打者竟然扭傷……

天啊，怎麼會在這麼重要的時刻扭傷！

結果，第二棒打者也跟著扭傷了……

天啊，竟然連第二棒也扭傷！

氣勢來了擋都檔不住，結果居然連第三棒打者也受傷了……

這種時候不需要這種氣勢啊！

接下來是不是輪到第四棒打者要受傷了？第四棒是身為隊長的長嶋茂雄。

然而，長嶋反而下定了決心。

「現在，只能靠我來打了！」

假如無法前進去甲子園，就很難被職業球隊的球探發現。可是，連續3名先發球員都受傷離場了，而且對手還是埼玉縣的棒球強校——熊谷高校，佐倉一高的勝算幾乎為零，根本就走投無路。但是，第六局上半發生了奇蹟。長嶋茂雄的第三輪打擊，投手投出的球在他眼前彷彿靜止了一般，長嶋茂雄毫不猶豫地全力揮棒。

鏘——!!

外野手一動也不動，觀眾席一片譁然。

這是一支直接擊中打者之眼的特大全壘打！高中生不可能打出這樣的全壘打！這一球也讓三位受傷的隊員在休息區興奮地跳起來。

最終，佐倉一高以4比1輸掉了比賽。但長嶋茂雄的父親稱讚道：「那真是一支了不起的全壘打。」父親原本說不能來看比賽，但後來還是偷偷地到球場為兒子加油。

雖然長嶋茂雄未能前進甲子園，但這支特大全壘打成為了傳說，吸引了職業球探的目光。長嶋茂雄不知該如何決定，後來因父親的期望，他決定先就讀大學，進了立教大學棒球部，參加東京六大學棒球聯盟。那裡等待他的是超乎想像的嚴酷世界，嚴格至極的訓練甚至讓許多人都打退堂鼓。

「茂雄，你不覺得辛苦嗎？」

同伴曾這樣問他。

「一點也不辛苦。我進立大就是為了打棒球。在入學之前我就下定決心，要在立大的這四年裡徹底鍛鍊自己，為進入職業球隊的第一年就能全力出戰做好準備。」

有一天，長嶋茂雄收到了一封電報。

「父病篤，汝速歸。母。」

長嶋茂雄急忙搭上電車，趕回千葉的老家。父親已時日不多。

「父親，是我啊，我是茂雄啊。」

父親睜開眼睛，費勁地用氣音說：

「茂雄，要做就要做日本第一的選手。要成為日本第一的男人，就像富士山一樣。」

這是父親告訴長嶋茂雄的最後一句話……

捨棄春天的花朵，這才是真正熱愛棒球

在結束了讓所有人都想逃離的嚴格訓練以後，長嶋茂雄依然獨自一人留下，繼續練習揮棒。他的雙手都磨出了水泡，還滲出了血。即使如此，他還是練習堅持揮棒。

長嶋茂雄好不容易獲得了在春季聯賽上場的機會，但由於他不擅長打內角球，每次打內角球都被抓到出局。他必須讓自己揮棒的速度更快，只有不斷地練習才行。

有時他還會留在球場上做深夜訓練，那是令人畏懼的暗夜千顆守備練習。每顆球都沾了滑石粉，但在黑夜裡還是看不清楚，當球倏忽飛到眼前，急忙地伸出手套時，早已來不及接住球。他好幾次都被球直擊頭部或臉部，被砸到頭部發麻，雙腿則恐懼地抖個不停。

「聽著，長嶋茂雄，不要用手套接球，用心去接，用心！」

嚴格至極的訓練讓一半左右的大一生都退出了棒球部。

但是，長嶋茂雄挺住了任何嚴格的訓練。他說，這正是他所希望的訓練。他甚至曾被學長用球棒打，但他也不覺得疼痛。

他說：「因為我充滿了鬥志。」

是什麼因素讓長嶋茂雄跟那些半途而逃的球員走上不同的命運呢？是毅力的不同嗎？不，不是這樣的。

也許心中有無目的才是兩者的差別。長嶋茂雄為何打棒球？

「為何而打？」

每當長嶋茂雄在黑暗中揮棒時，他的腦海中總是會浮現出白球一直線地飛到看台區，全日本沸騰歡呼的景象。每次打擊出去都會讓他興奮不已，夢想也愈來愈廣闊。

他從未忘記自己為何要進行這麼嚴苛的訓練，那是為了履行與已故父親的約定，成為像富士山一樣的日本第一選手，並且在成為職業棒球選手後，擊出大快人心的一擊，感動全日本人民的心，更重要的，是為了讓母親過得幸福。

長嶋茂雄在小學時第一次打棒球，他用的是竹子做的球棒，以及母親親手製作的棒球。母親將彈珠纏上了和服的細腰帶，做成了棒球的樣子，但層層纏繞在彈珠上的布料難以讓針線穿過，因此母親在縫製固定時一直刺到自己的手指，滲出的血一次次地滴落在榻榻米上。

但是，母親一點都不在意手指刺傷，仍拚命地為兒子縫製棒球。年少的長嶋茂雄擦掉榻榻米上的血跡，決心用棒球讓母親幸福。

長嶋茂雄是為了什麼才打棒球？

是為了履行與父親的約定。

以及為了讓母親幸福。

還有，為了讓全日本的人民大受感動。

「那些在訓練中抱怨辛苦的人不配說自己喜愛棒球。只有捨棄春花，忘卻秋楓，並且全心投入球場的人，才有資格說自己熱愛棒球。」

被譽為學生棒球之父的飛田穗洲說過：

「愛必須是真誠的。所謂的真誠，就是必須有一個明確的目標。」

立教大學的棒球教練砂押邦信繼承飛田穗洲的精神，這份對於棒球的熱愛再傳承傳給長嶋茂雄。長嶋茂雄接下了熱愛棒球的接力棒。

練習得比誰都多，成果卻比誰都少的那個男人

長嶋茂雄比誰都還要認真地夙夜匪懈練習，卻拿不出好成績……

長嶋茂雄在大學時期的打擊率很不理想。

一年級春季聯賽的打擊率為０·１７６（出賽11場）

一年級秋季聯賽的打擊率為０·１５８（出賽11場）

二年級春季聯賽的打擊率為０·１７０（出賽11場）

這讓砂押教練也質疑自己為何要讓打擊這麼差的長嶋茂雄上場比賽。長嶋茂雄非常懊惱，為什麼練習得比別人還要多，結果成績卻這麼糟糕。他好想知道自己到底缺了什麼。

他突然想通了。自己怎麼沒注意到這麼簡單的一件事呢？

「我知道了！一定是我練習得還不夠！既然如此，我就要更努力地練習！」

長嶋茂雄更加狂熱地投入訓練。一直到了二年級的秋季聯賽時，他的打擊率達到了0.343。升上三年級以後，48打數中有22次安打，以0.458的打擊率成為第一位打擊王。

四年級時，他成為六大學棒球聯盟中最受矚目的選手，打出了追平六大學聯賽紀錄的7支全壘打，再打一支就會創下新紀錄。

他終於能夠實現與父親約定好的「成為像富士山一樣的日本第一男兒」然而，他卻遲遲轟不出期待已久的第8支全壘打。

長嶋茂雄被沉重的壓力壓得喘不過氣來。

光靠瘋狂的練習是克服不了這一次的困境……

到底該怎麼辦才好？

只剩下最後一場比賽了。長嶋茂雄煩惱不已，最後他決定去找學校的牧師聊一聊。然後，牧師對他這麼說：

「有沒有創下新紀錄都無所謂吧？」

您說什麼!?

創不創紀錄都無所謂!?

「你只要像往常一樣盡情揮棒，那不就好了嗎？」

長嶋茂雄頓時覺得心情輕鬆了許多。終於迎來最後一場比賽，他的第一打席是一顆三壘滾地球，就在這時，他聽到看台區有個少年說：

「長嶋茂雄真無趣，他以前都是開心地揮棒，我才那麼喜歡他。」

對啊！原來是這樣！

我都忘了！

我忘了要享受比賽!!

緊接而來的，是長嶋茂雄轟出7支全壘打以後的第88次打席。他隨意地從球棒箱裡拿了一支別人的球棒，然後站上打擊區。

（球棒主人的內心表示：欸欸！那是我的球棒啊！）

拿誰的球棒來打都無所謂。

我只要全力揮棒就行了。

鏘——

長嶋茂雄全力揮擊，球被他打出去了！

飛出去的球劃出一條弧線，飛到了左外野的看台區。

那一瞬間，長嶋茂雄創下了六大學棒球聯盟的新紀錄。

不要害怕失敗，要不斷進攻！

長嶋茂雄履行與父親的約定，成為日本第一的選手以後，日本職棒所屬的兩聯盟共12支棒球隊都邀請他加入球隊。

最後，長嶋茂雄選擇了讀賣巨人隊，自開幕戰起便被安排為三棒三壘手。長嶋茂雄首次出戰面對就是國鐵燕子的王牌，即被譽為日本第一左投的金田正一。對戰的那一天，金田正一燃起鬥志，他想著必須讓長嶋茂雄這個職棒新人見識職棒選手的尊嚴。因為，金田正一當時也在電視上看到了長嶋茂雄轟出第8支全壘打，而長嶋茂雄狂喜的模樣讓他覺得很不爽，他心想：「不過是個學生，也太誇張了！」

首場對決。

第一打席，三振出局……

第二打席，三振出局……

第三打席，三振出局……

第四打席，三振出局……

長嶋茂雄連續四個打席都被三振出局。

金田投手在這四個打席中一共用了19顆球。長嶋茂雄只有勉強敲出了一顆界外球，其餘的18顆球全部揮棒落空。

長嶋茂雄慘敗。

然而，金田投手就在將長嶋茂雄三振出局的這一天夜裡輾轉難眠。因為，他感受到長嶋茂雄的可怕，這個男人就算一再地揮棒落空，還是沒有任何退縮，堅定地看著投手並全力揮棒出擊。通常一直被三振以後，打者就會開始畏懼出棒，然而長嶋茂雄則完全相反。

這種精神後來就成為長嶋茂雄在擔任巨人隊的教練時，對球員說的「Scramble Push」。這是長嶋茂雄自創的日式英文，意思是「不要害怕失敗，要不斷進攻」。不過，據說他第一次說出這句話時，巨人隊的球員全都愣住了。

長嶋茂雄之所以能在職棒首戰中以「Scramble Push」的精神應對，就是因為他對自己有信心。

這種自信不是對於棒球天賦的自信。

而是對自己「在立教大學練習得比任何人都還要認真」的自豪。

據說，長嶋茂雄在剛加入巨人隊時，就跑去敲教練的房門，對著教練說：

「教練，我覺得練習太少了！」

他已經做了自己所有能做的事，剩下的就是無所畏懼地揮棒出擊。帶著「不害怕失敗，要不斷進攻」精神的長嶋茂雄在職業生涯的第一年就勇奪全壘打、打點雙冠王，並被選為新人王。

長嶋茂雄實現夢想的祕訣

既然是關於長嶋茂雄，那就一定要聊聊某一場棒球賽。那就是一九五九年由天皇與皇后親自到場觀戰的「天覽試合」。

這場比賽由讀賣巨人隊對上阪神虎隊。

天皇與皇后蒞臨比賽現場觀戰。裁判團也格外緊張，有的裁判甚至一大早就以冷水淨身，以求比賽一切順利。後樂園球場瀰漫著緊張的氣氛。比賽進行到第九局下半，比數還在4比4平手，天皇與皇后觀戰的時間只到晚上9點15分，若是進入延長賽，就無法看完整場比賽。距離晚上9點15分只剩10分鐘了。

第九局下半，在這個關鍵時刻，輪到上場的第一位打者是……

「守備位置為三壘手的第四棒打者，長嶋茂雄。」

打擊順序來到了這一天已經擊出1支全壘打的長嶋茂雄。

終於到了這一天。就像日本泳將橋爪選手和古橋選手為全日本的人民帶來勇氣一樣，現在輪到我用一記響亮的打擊來鼓舞大家了。現在，全日本的人民都在注視著我的打席。比賽前一晚，長嶋茂雄跪坐在床上，向枕邊的球棒低頭祈禱：「請讓我在明天的關鍵時刻轟出一記漂亮的打擊。」迎接這一天的到來。

對決的投手是正面挑戰長嶋茂雄的村山實。村山實當初拒絕巨人隊，選擇加盟阪神隊，就是為了能與長嶋茂雄對決。在這場球賽的對決中，長嶋茂雄目前的13個打數僅有2安打，完全被村山實壓制。而且，村山實在一個月前與巨人隊的比賽中，才剛繳出了「無安打、無失分」的夢幻好成績，氣勢如虹。

現在的球數是兩好球，村山實投出第5顆球，他使出全力將球投向長嶋茂雄的胸前，企圖震攝之。但長嶋似乎早已準備好，全力揮棒。

鏗——

被擊出的白球高高飛起。

長嶋茂雄跑了兩三步後停下來，目送著往遠方飛去的白球。
就連天皇陛下也忍不住探身關注。
距離非常足夠。
但是，他轟出的這一支是界外球還是全壘打呢？
到底是哪一個呢？

村山實在賽後這麼描述當時的長嶋茂雄：
「與長嶋選手對決時，勝負的關鍵就在於誰的鬥志更加旺盛。假如我覺得他的鬥志比我旺盛的話，這樣無論我投出多好的球，他都能擊中。反之，如果我的鬥志比他更強烈，那麼不管他的揮棒有多麼完美，我都能獲勝。（中略）我記得在對決的那個瞬間，長嶋選手的眼神非常平靜，那是一瞬間變得非常透澈又平靜的眼神。」
到底是界外球還是全壘打……

「是界外球。」

村山這樣想著。而裁判的認定是？

裁判舉起握拳的右手轉了好幾圈，是全壘打手勢。

「萬歲！萬歲！」觀眾席的歡呼一片沸騰。晚上9點12分，距離天皇陛下離場的時間限制還有3分鐘，長嶋茂雄擊出了一支再見全壘打。昭和三十四年六月二十五日晚上9點12分，是職業棒球成為日本國民運動的一瞬間。

被擊出全壘打的村山實則將這份悔恨化為動力，同年拿下18勝並獲得澤村獎，自此成長為超級王牌，三年後帶領阪神隊首奪聯賽冠軍。

其實在這場被稱為「天覽試合」的球賽開打前，長嶋茂雄正處於低潮期，於是他就將自己所有能做的事都做過一遍。其中之一就是他跑到最近的車站買下各家體育報，然後自己在頭版版面寫上標題。

他拿著紅色、藍色、黃色和綠色的馬克筆，用斗大的字體在每一份報紙寫下「長嶋再見全壘打」、「天覽試合再見一擊」等。他甚至還想像了教練的訪談，自行在報紙上寫下「長嶋茂雄這一擊真是無與倫比，不愧是金牌新秀。這真是歷史性的一記打擊」。

而這一切都成真了。

不在球場休息室洗完澡再回家的長嶋茂雄

長嶋茂雄先生，您總是在剛開始時繳出慘不忍睹的成績。

那真的有趣得讓人忍不住想笑。

小學四年級，您第一次玩三人制棒球，首打席就被三振出局。

在佐倉中學的第一打席也是三振出局。

在佐倉一高的首打席還是三振出局。

您還未能挺進甲子園，六大學聯賽的第一年成績也是慘不忍睹。

職業生涯的初登場更是連續四次被三振出局。

每個階段的一開始，您都沒有繳出亮眼的成績。

正因為如此，您才比任何人都更加努力地練習。

在賽季的時候，您總在球隊成員沒看到的地方持續地練習揮棒。你甚至相信私下默默地練習才是真正的練習。每當比賽結束後，有些隊員也許就換上便服前往銀座街頭，而你卻與他們不同。在後樂園球場的比賽結束後，您不在休息室洗澡就直接回家，為的就是回家以後繼續練習揮棒。

不換掉衣服就直接回家，是為了不讓殘留在身體的比賽記憶就此消失。即使您的夫人已經煮好您最愛吃的白肉魚和麵食，您也毫不留戀地直奔院子，握著球棒反覆地揮棒，就像在回憶當天比賽的打擊一樣。您說：

「揮棒時從周圍聲音的微小變化就會聽出球棒劃過空氣的風切聲。假如很快就聽到這個風切聲，就表示身體拉開了但而球棒的速度慢了，擊球點就會在後面。打者會透過風切聲去分辨正常的打點。在別人眼中，我們這些苦於抓不到擊球點的球員好像都有點神經質的感覺。」

你還說：

「我們球員有義務在球場上展現最佳的演出。」

為此，您某一次的比賽從三壘跑回本壘時，甚至還展現了驚人的滑壘。

即使那時的本壘根本就沒有人……

您還會特意帶上美國大聯盟球員使用的頭盔。他們的頭盔比較大，戴上會有1公分的空隙，所以每當你大力揮棒時，頭盔就會飛出去。就算是揮棒落空，你還是努力地想讓觀眾開心，您的巧思實在讓人敬佩。

每當您接住球並且傳給一壘手時，您揮舞的手勢正是歌舞伎市川團十郎在花道上亮相的動作。當我知道這一點時，真的讓我嚇了一大跳。

而當您在粉絲面前亮相時，您總是會開朗地跟大家打招呼，說：「嗨，今天天氣真好！」從不忘記粉絲服務。

在美國的維羅海灘集訓時，您還驚訝地說：「美國有好多外國車啊。」在您搞錯當地的洗衣店和服飾店時，您還向店員道歉說：「I am失禮了。」

您還曾嚷嚷著自己少了一隻襪子，結果是您一隻腳穿了兩隻襪子。

您曾在鏡子前無比專注地練習揮棒，終於找到滿意的揮棒動作後，您竟然忘了比賽還沒開始，就在更衣室裡收拾起您的行李。

我真的太喜歡這麼可愛的您。

您為了讓觀眾看到最棒的表現，所以您總是在沒有人看到的地方拚命練習。

聽說即使您到壽司店用餐，坐在吧台前吃著壽司的您，也會吃到一半就跑去拜託店家把二樓的空房間借給您練習揮棒。店家當時肯定很困惑地想：「什麼？為什麼一定要在這裡練習揮棒!?」

你這麼做是為了什麼？

是為了讓觀眾開心。

長嶋茂雄，您就是這麼全力以赴。

巨人隊還有一個人也像你一樣努力練習，他就是後來成為世界全壘打王的王貞治選手。因為您和王貞治選手一有空就練習，所以整個巨人隊的實力也在不知不覺之間愈來愈強大，自昭和四十年起連續9年勇奪日本冠軍，開創了巨人隊的「黃金時代」。

會傳染的不只是感冒，熱情也會傳染給人。

超級明星長嶋茂雄，您的祕密很簡單，那就是不斷練習。

您以「Dubble hustle」（是您自創的日式英文，雙倍努力）在練習。

即使您後來成為棒球教練，也不曾改變。

在逆指名制度實施以前，倘若在選秀中若有多個球團同時第一指名一位球員，最後就會透過抽籤決定該球員的去處。

一九九二年的選秀對於巨人隊至關重要。後來成為「不動的第四棒」的超級高中生強打者松井秀喜在這一年參加選秀，因此能否獲得他的交涉權將決定巨人隊的命運。球團的競爭在所難免，不意外最後將透過抽籤決定交涉權。而您認真地偷偷做了一件事，讓我大受感動。

您竟然在正式抽籤之前就在家裡練習抽籤！

最終，您也真的獲得了松井秀喜的交涉權。

您竟然連抽籤都在練習。

您曾說過：「已經找不到像我這樣的棒球狂了。」

我以前一直以為您是天生的天才打者。

不過，看起來並不是這麼一回事呢。

熱情可以讓人生變得更有戲劇性。

我想讓更多人都知道您的帥氣，所以自作主張地將這篇文章當作是寫給您的情書來寫。當我在寫這篇文章時，我感覺您好像就在旁邊一樣，我真的很開心。

現在時間是早上5點50分。

清晨的陽光穿過窗戶，讓房間閃耀著金色的光芒。
就好像您上演的逆轉勝戲碼。
長嶋茂雄選手，謝謝你誕生在日本。

你為什麼要做這件事呢？
當你的目標讓你感到興奮不已時，
你的人生就會是一場精采的戲！

絕望的旁邊
就是希望。

——柳瀨嵩

50歲以前，我一直走在名為「絕望」的隧道裡

「50歲左右以前，我一直處在失意和絕望之中。好幾十年來，我一直都覺得自己是個做事只會半途而廢的半吊子。」

《麵包超人》的作者——柳瀨嵩先生這麼說。

柳瀨嵩先生在54歲時才創作出《麵包超人》的繪本。

《麵包超人》開始走紅，則是在他過了60歲以後。在那之前，柳瀨嵩先生一直走在一條名為的「絕望」漫長隧道之中。

與他同時期的漫畫家朋友都已經一個接著一個闖出了名堂。

後起之秀的漫畫家也追過了他。

「為什麼我就是無法出人頭地呢……」

就在某天深夜，柳瀨嵩先生的家裡一片寂靜。
他拿起工作桌旁的手電筒，用冰冷的手掌摀住手電筒的光源。
在燈光的照射下，他看到自己的皮膚透著驚人的血紅。
即使心情如此低落，體內依然流淌著如此熾熱且鮮紅的血液……
這一幕讓柳瀨嵩先生在夜深人靜的房裡感動不已，眼淚幾乎要奪眶而出。
當時，資深漫畫家杉浦幸雄先生看不下去柳瀨嵩先生如此頹靡不振，於是對他說：

「我能理解你沮喪的心情，
不過人生就是這樣，希望的光往往就在距離你一寸的地方。
記住了，若你半途而廢，那就真的結束了。」

世界最弱英雄的誕生

自21歲起的那五年，柳瀨嵩先生被迫前往戰地。他被派到中國打仗，他們被告知的出兵理由是「現在中國人民在水深火熱之中，我們必須幫助他們。這是一場正義的戰爭。」

戰爭結束後，日本軍隊卻被指控「欺凌中國人民」。當時，日本國民信奉的正義究竟是什麼呢？為了所謂的正義，柳瀨嵩先生的弟弟也失去生命。經歷這些事，他得到一個答案——無論任何情況都不會被推翻的正義，就是「幫助飢餓的人」。心地善良的麵包超人總是將自己的臉撕一塊給需要的人，這答案正是《麵包超人》的原點。

柳瀨嵩先生最想在繪本中描繪的場景，就是麵包超人將自己的臉分送給飢餓的孩子果腹以後，少了一塊臉的麵包超人無力失速的樣子。

當時，鹹蛋超人（現譯：超人力霸王）和假面騎士等強大的英雄風靡日本，而麵包超人則是世界上最弱的英雄，身上的斗篷是拼接而成的，更因為全身都是麵包做的，所以只要被雨淋濕就會變弱。

繪本出版以後，出版社對他說：

「請你以後不要再畫這樣的繪本了。」

除此之外，大人也批評麵包超人把臉撕下來分送的場景「太殘酷」，童書專家也提出嚴厲的批評，直言「這種繪本就不該放在圖書館裡」。

但是，柳瀨嵩先生是這麼想的：

既然想要幫助別人，就必須有所覺悟自己也會受傷。

沒有犧牲自我的覺悟就無法實現正義。對於麵包超人來說，別人願意吃他的臉是件值得高興的事。因為，沒人肯吃難吃的麵包。

然而，麵包超人卻不被世人接受。

普通人花三天能懂的事，他得花三十年才能懂

不過，這樣的情況僅限於大人之間。

在小孩子的世界裡，《麵包超人》慢慢地愈來愈有名了。

在幼兒園裡，孩子們紛紛吵著老師念《麵包超人》的繪本給他們聽，有些園方買了好幾次的繪本，每一本都因為重複翻閱而變得破破爛爛。連還不識字的三歲孩子也迷上了麵包超人。後來，麵包超人終於改編成動畫。其實，麵包超人的角色們有個共同點，不論是麵包超人還是哈蜜瓜麵包超人、咖哩麵包超人、吐司超人，所有的角色都沒有手指。據說，這是為了讓繪圖師能順利完成動畫繪製，早一點下班回家陪伴孩子共度親子時光。

所有角色都沒有手指的理由，正是出自柳瀨嵩先生的一片溫柔。

「我不論做什麼事都做得很慢，頭腦也不聰明，所以普通人只花3天能懂的事，我就得花30年才能弄明白。其實我現在還是在學習一些事情，只是學了好幾年還是沒什麼進

步，我自己都覺得有些可笑。創作麵包超人和畫漫畫也是如此，雖然我用著極為緩慢的速度才做到如今的程度，但隨著歲月的流逝，我看到了自己一步一步留下的足跡。那些老早比我出人頭地的人都已經退休了，我突然覺得自己未賦予閃耀的才華好像也不錯。」

未被賦予閃耀的才華好像也不錯……

我想將柳瀨嵩先生的這句話，送給正在嘆息自己沒有才華的你。

絕望的旁邊是……

在絕望的夜用冰冷的手掌摀著手電筒，被鮮紅的熱血震撼。

那天的經歷後來被寫成了一首歌，並大受歡迎。

沒錯，就是日本家喻戶曉的〈掌心的太陽〉。

那首歌的歌詞就是誕生自柳瀨嵩先生的絕望。

就像歌詞一樣，不管是蚯蚓還是螻蛄，大家都在努力活著。
柳瀨嵩先生將自己比喻成在黑暗的泥土中生存的蚯蚓。
絕望的旁邊，其實就是希望。

離你一寸之外就是希望的光芒。
因此，不要放棄，
繼續堅持下去吧。

要做就做

名留青史的事。

——安藤百福

我與安藤百福的意外交集!?

某一天，我受邀前往大阪演講。

抵達現場後，我發覺演講會場的建築物散發著奇妙的氛圍。經過詢問，得知這棟建築物是大阪財經界的名人於大正元年（一九一二年）建造的俱樂部，是大阪實業家的社交場所，建築物名稱即為大阪俱樂部，華麗且優雅的氛圍讓人感受到其歷史感。

這個會場的氣場使我緊張到無以復加，演講開始的前五分鐘，我感覺到自己心跳快速到就像要跳出胸口。

這樣下去就不妙了……我得恢復平靜才行。

沒辦法，只能那樣做了……

「接下來是翡翠小太郎先生，請大家掌聲歡迎。」

主持人介紹之後，我便脫下鞋子和襪子，並起捲起褲管，光著腳走上舞台。我這樣做是為了讓自己儘量放輕鬆。當我光著腳走上這個具有歷史感且散發著穩重氣息的舞台時，台下的觀眾都瞪大了眼睛。

會場內還有來自岐阜縣大垣市的經營者團體——大垣青年重役會的成員。演講後，他們跑來對我說：「翡翠先生，我們太感動了。您能不能來大垣市演講呢？今天真是太感動了，您光著腳的舉動真是太強了！」

什麼？感動的不是我的演講內容，是我的光腳!?

言歸正傳，各位知道我為什麼要提起這麼突兀的內容呢？因為，日清元祖雞汁麵以及杯麵的發明者暨日清食品創始人——安藤百福，正是在我光著腳走來走去的這個地方，墜入了愛河。

時光倒流至70年前左右。

「安藤，你有打算結婚嗎？有位好女孩我想安排你們相親，她在大阪俱樂部工作。」

安藤百福得知相親對象以後，偷偷地前往大阪俱樂部去看她。

「啊，就是那個女孩！」

安藤百福的心不到３分鐘就燃起了戀愛的火花。

戀愛就在那一瞬間發生，比泡好一碗泡麵還要快。

我和安藤百福都是在大阪俱樂部感受到心跳加速的同伴（笑）。

安藤百福一見鍾情，寫了無數封情書。

然而，當時仍是戰火紛飛的一九四三年，對方仍無意結婚。

「這世界到底會怎麼樣呢？大家都說戰爭是為了日本，但情況只是愈來愈糟糕……到底會怎麼樣呢？」

動盪的時代讓她不安，安藤百福則有不同的想法。

「一味地擔心這世界會怎樣是不對的，你自己要怎麼做才是最重要的。」

「什麼？自己要怎麼做？」她從未有過這樣的想法……

這一刻的安藤百福在她心中開始占有一席之地。

此後，他持續進攻（簡稱「百福攻勢」），攻勢就像拳擊的進攻一樣起了作用，使她漸漸傾心於他。最後，他們終於在亂世中結為連理。

戰爭在一九四五年結束。

安藤百福35歲。歷經空襲的大阪被燒為一片焦土，梅田車站後方的空地上出現了販賣食物和商品的黑市。拉麵攤前排起長長的隊伍，客人在寒風中顫抖，只為等待一碗熱騰騰的麵。拉麵入口的那一刻，客人臉上都綻放溫暖的笑容，並烙印在安藤百福的記憶中。

「百」與「福」組成的百福。

安藤百福的名字雖然取得吉祥，他的人生卻充滿坎坷。父親在他出生不久之後便去世，母親後來也跟著離世了。安藤百福因此成了孤兒，對父母毫無記憶。

長大之後，他還被人誣陷倒賣軍需物資，結果慘遭憲兵隊拷問，甚至因逃稅嫌疑而與戰犯一同被關進監獄。儘管安藤百福是清白的，但仍讓他的人生歷經重重劫難。

從門外漢到拉麵專家

安藤百福41歲時受人之託，成為信用組合社的理事長。雖然只是個掛名的理事長，他卻在破產時被迫承擔責任，因而失去了全部的身家財產。最後只留下了他在大阪府池田市的住處。安藤百福大受打擊。

然而，就在此時，他的妻子對他說：

「來吃飯吧。要是餓著肚子的話，就沒辦法做任何事，對吧？」

安藤百福身無分文，但妻子依然不離不棄，孩子也還在身邊。

「我失去的不過就是錢而已嘛！」

安藤百福終於意識到這一點。而且，這些經驗也成為他的養分，讓他成長。這樣一想，他又充滿了新的勇氣。

安藤百福說：「當你跌至谷底，明白『現在已經是最糟糕』時，你就會覺得自己釋懷了。然後，還會很神奇地湧現出力量。」

財產歸零這可說是一個新的起點。既然如此，不如就來開創新事業。那麼，要做什麼才好呢？

「要做什麼才可以照亮這世界呢？」

這時，安藤百福想到了拉麵。經過戰火摧殘的土地處處充滿不安，但只要有一碗拉麵就能讓百姓展露笑顏。拉麵擁有在那樣的時代裡依然照亮人心的力量。

安藤百福也失去了一切財產，就像被烈火燒得什麼都不留一樣。

於是，他決定做拉麵。他要做出充滿希望的拉麵；不用店家煮，只要有熱開水就能吃的拉麵；前所未有，在家也能輕鬆完成的拉麵。他要將希望帶給每戶人家。

於是，他的挑戰開始了。安藤百福的想法非常簡單。

「在開發之前，首先要做的就是確定好目標。確定好目標以後，再來就是堅持到底。」

確定好目標以後，再來就是以堅持不懈的態度去做而已。首先，安藤百福明確地列出自己追求的拉麵目標。

「開發五原則」

1. 要美味，不會讓人吃膩
2. 要能夠保存
3. 要讓人輕鬆方便就能食用
4. 價格要低廉
5. 要安全且衛生

確定好目標以後，就是以堅持不懈的態度朝著目標前進。他先請認識的木工在自家後院搭建一間小屋子，並命名為「研究所」。然後，他搬來一口直徑一米的中華鍋，還有從二手餐飲設備店尋來的二手製麵機、製麵桌以及壓力鍋。

這裡容我打斷一下，我想問各位一個問題。

他在信用組合社破產後無所事事。請問，此時是什麼機會呢？

沒錯，就是專心研究拉麵的機會。

安藤百福是個完全不懂做拉麵的門外漢，他每天從早上5點起就待在小屋，一直研究到凌晨1、2點，平均每天只睡4小時，整整一年都沒日沒夜地研究拉麵。他嘗試在麵粉加入各種材料，揉好麵團送進製麵機。他觀察溫度、水量和濕度的影響，反覆地調整配方。研究麵條比例時，他不斷地進行微調，過程中弄得全身都是麵粉，成品失敗了就丟掉，丟了就再繼續試做。

安藤百福說：「食品的開發就是不斷追求，直到發現絕無僅有的絕妙比例。」

48歲的人生逆轉

為了研究出用熱水沖泡就能享用的拉麵，安藤百福想開發出吸收湯汁味道的麵條。不過，該如何做才能讓麵條吸收味道？若直接用湯汁浸泡生麵條，麵條就會失去咬勁；若先將麵條蒸熟再浸泡湯汁，也會讓麵條變得黏糊又難以乾燥。

這時，妻子做的炸天婦羅給了他一個靈感。炸好的天婦羅就算冷掉了，但只要放進熱騰騰的烏龍麵裡，就會立刻變美味。他靈機一動，試著以高溫油炸已煮好的麵條。結果，這些麵條就像天婦羅的麵衣一樣被炸得乾爽酥脆，並且在表面形成許多小孔。

然後，他用熱水沖泡炸過的麵條，麵條上的小孔洞吸收了熱水，竟然恢復到剛煮好的狀態。那麼，味道跟口感也如他想像的一樣還原嗎？於是，他把家人都找來試吃。

「哇，真的成功了！」孩子們看到之後都大聲驚呼。

然後，他們開始試吃。

「好好吃！」

「這個麵真的好吃！」

然而，他的妻子卻說：

「我說不出味道……」

他的妻子哭著說。她太了解安藤百福投入的心血，心情激動得難以說出感想。

「這都是多虧有妳在我身邊。」

安藤百福抱住他的妻子。

這種製法被命名為「瞬間熱油乾燥法」，並成為即食麵的製作專利。

一九五八年（昭和三十三年），誕生了世界上第一款即食麵，也就是泡麵。安藤百福表示，在沒日沒夜投入研究的這一年，每一天都相當於一個月。

為何他能如此充滿熱情地工作呢？

這與他雙親的去世有關。安藤百福剛出生不久，父母就相繼去世，所以他便跟著在臺灣經營紡織業的祖父母一起生活。祖父母每天從早忙到晚，安藤百福從小就開始幫忙他們工作，在他懂事時就已經能夠一些生活中的基本技能。

而且，最重要的是他從祖父母工作的身影，發現努力工作原來也是一件有趣的事。

對於安藤百福來說，與父母的離別或許也是一種新的相遇。

他的一生，可以說是充滿了百般的苦難。

不過，我想你們應該都明白了一件事了吧？

遭遇的苦難其實就是人生的另一扇窗。

正因為經歷過苦難，我們才會懂得感恩。假如安藤百福沒有經歷重重苦難，那麼他的人生肯定只會平淡無奇。

安藤百福開發出的「元祖雞汁麵」被稱為「只要用熱水沖泡2分鐘就能吃的拉麵」、「魔法般的拉麵」，成為劃時代的熱賣商品。那年，安藤百福四十八歲。他創立的日清食品花了5年就成長為年銷售額43億日元的企業。

「跌倒後別什麼都沒做就站起來，哪怕只抓一把泥土也好。」

安藤百福說：「我曾經就像一隻餓昏的豬，當我從困境中爬起來時，我已經叼起了『食物』。」

「想破頭」就是思考到連小便都出血為止

那麼，我們就接著來看元祖雞汁麵誕生10年之後的世界。

後來，其他間公司也開始生產泡麵，元祖雞汁麵的銷售開始停滯。

我現在又要考考各位。銷售停滯代表什麼機會來了呢？

沒錯，就是開發新產品的好機會。

安藤百福的挑戰又開始了。那時，他想到的是附容器的泡麵。美國人沒有使用碗公的習慣，所以當他在美國看到有人把元祖雞汁麵折成2、3塊裝在紙杯裡，再倒入熱水沖泡時，他便得到了靈感。「原來還可以這樣吃泡麵啊！」於是，他決定研發出這樣的包裝材料：

1. 要能包覆住麵條
2. 倒入熱水就能成為烹調器具
3. 食用時可作為餐具

他要做出結合這三種功能於一體的杯麵。

這麼一來，他的目標就很明確了。確定好目標以後，再來就只要做那件事。

沒錯，就是堅持到底。

在配料方面，安藤百福決定採用冷凍乾燥法將食材急速冷凍乾燥。他還特別使用紅色的蝦仁當作配料，增加泡麵的豪華感。容器材質選用當時新興的發泡聚苯乙烯，湯頭選擇日本人吃慣的經典醬油口味。那麼，要使用什麼樣的蓋子才能密封呢？在飛往美國的飛機上，機內提供的夏威夷果讓安藤百福得到了靈感。這款夏威夷果的包裝在紙的那一層貼上了鋁箔，用以阻絕空氣。

不過，最後還有一個問題，那就是杯子與麵體之間的空隙。有空隙的話，麵體就容易在運送過程中因晃動而破碎，配料也會散落到杯底。後來，安藤百福將麵體形狀調整至與杯體形狀一致，讓麵體得以懸浮在杯子中間，解決了這個問題。然而，工廠機器卻無法讓麵體直直地落入杯中，生產線頻頻出現問題。

最後，安藤百福還是憑著他的執著，克服這道難題。

「我從早到晚都在思考這個問題。不停思考再思考，等到我成功想出來時，我竟然血尿了。有一天晚上，我在床上醒來看著天花板，沒睡飽的錯覺讓我以為木板在翻轉，感覺房間被上下顛倒過來。」這個錯覺讓他靈光一閃，想到可以將杯麵倒過來生產。

之前都是將杯子正著放再投入麵體，麵體就會因此傾斜。後來，他將杯子翻轉過來，並把麵體放在杯子下方，這樣杯子從上方落下就會嚴絲合縫地蓋住麵體。

這真的是「翻轉」的靈感。

當時，市面上還沒有杯麵這樣的商品，因此安藤百福在開發杯麵容器的過程中也展現出他的執著。容器的尺寸及形狀要讓人能單手握持且不易滑落，放在桌上也不容易翻倒。寬一點的盤子好呢？還是深一點的湯盤好？要不要做成杯子形狀？有鋸齒型狀的杯子呢？安藤百福試做了30～40種的容器。

然而，他並沒有立即做出決定。華麗的設計雖容易吸引消費者的目光，但他希望商品不管過了多久都能受消費者喜愛，所以最好的選擇應該是怎麼看都不會膩的造型。於是，他將各種容器樣品放在床邊，好好體會醒來第一眼看到這些容器時的感受。

他也把容器樣品放在自己的辦公室，有空時就看一看，並且調查員工的意見。

最終，才終於誕生了現今的杯麵容器。

「發明來自靈感，靈感來自執著。沒有執著就沒有發明。速食產品對顧客來說是即食的，我們在研發時卻不是一蹴而得的。」

by 安藤百福

工作是一份執著。
執著就是愛。

安藤百福總是會在床邊放著紙和鉛筆，因為，即使在睡夢之中，他依然還在思考。這就是他的執著。

安藤百福成功的最大原因是什麼？

一九七一年，安藤百福61歲。他推出的杯麵以每杯100日元的價格銷售，然而問題卻接踵而至。

當時，袋裝泡麵的價格大約是20～30日元，店家直呼杯麵的售價過高，不願意進貨。

但是，安藤百福依然充滿熱情，他說：「我們要賣的不只是泡麵，還有飲食文化。杯麵會改變世界。」他堅信在這個人人辛勤工作的時代裡，這不起眼的杯麵一定能夠助人一臂之力。他決定直接傾聽消費者的意見，於是他在號稱步行者天堂的銀座街頭提供杯麵的試吃。他的決定果然沒錯，走在銀座街道上的行人可說是人手一杯日清杯麵。

一九九五年，發生阪神淡路大地震。杯麵也發揮了巨大作用。

「這簡直像戰後的廢墟……」

安藤百福看到震後的景象，回想起他最初發明泡麵的動機。

拉麵為戰後失去希望的人們帶來了笑容……

溫暖的拉麵一定能夠拯救在飢寒中受苦的災民。

「立刻派出餐車，前往災區為災民送上熱騰騰的杯麵！」

這台名為「雞汁麵號」的餐車供應熱開水，可以當場為需要的人沖泡杯麵。雞汁麵號走遍災區，共發放1萬5000份杯麵。

二〇一一年，日本發生東北311大地震，日清食品也發放200萬份杯麵。

「直到現在，我每天的午餐都還是會吃雞汁麵，並且一邊思考如何讓它變得更美味。」

這是安藤百福在晚年時所說的話。

安藤百福每天堅持吃雞汁麵，到了90多歲仍然身體健康。他用自己健康硬朗的身體回應了泡麵有害身體的謠言。安藤百福享耆壽96歲，安詳辭世。

安藤百福說：

「只要在人生中用5年的時間密集地工作，一定會有所成就。」

這句話適用超過40歲的人。

這句話適用超過50歲的人。

這句話適用超過60歲的人。

曾經一無所有的安藤百福在48歲時逆轉人生。

「在別人的眼中，這或許是姍姍來遲的重新開始，但我從不認為它來的太晚。我創立日清食品時已經48歲，但就算我已經60歲，我仍可以重新開始。薩繆爾・烏爾曼的著名詩篇寫道：『青春不是人生的一段時光，是心情的一種狀況。』我也以此為信念，只要有必要，就算我已經超過80歲，我也會準備好重新開始。」

回到最初的話題。當時，安藤百福在信用組合社破產以後，幾乎失去了所有財產，然後他決定開創新事業。

他沒有問「做什麼最賺錢」或「自己能做什麼」。

這是安藤百福成功的最大原因。他不是從賺錢的角度去想要做什麼，也不是從自己的能力去考慮要做什麼。那麼，他想的是什麼呢？

「做什麼事可以讓世人變得更幸福呢？」

安藤百福是這樣問自己的。他說，他只有想著「要做什麼才可以讓人們振作起來」。

假如他從賺錢的角度出發的話，那麼他絕對不會燃燒起如此熾熱的熱情；假如他從自己的能力去想自己要做什麼，那麼他大概永遠都不會想到要做拉麵，因為他當初只是一個製麵的門外漢。

「做什麼可以讓人們振奮？」

安藤百福重新出發的原點正是愛。

動機是決定花朵的種子。愛會與愛相逢。只要種子有愛，總有一天會開花。

最後，我要公布我心目中的安藤百福名言。

第一名是：

「人類都是麵類。」by 安藤百福

熱愛麵食的我可以三餐都吃拉麵，我完全同意這句話（笑）。

> 青春是心情的一種狀況。
> 這種心情狀態就是「做什麼可以讓人們振奮？」
> 想就要想破頭，想到甚至小便都出血為止。

第2章

化危機為轉機的名人格言

我做過的事有99％都失敗了。
但多虧那1％的成功，
才有現在的我。

——本田宗一郎

「機械在空中飛啊！」

一九〇三年，是萊特兄弟首次飛上天空的那一年。

3年後的一九〇六年，本田宗一郎誕生了。

人類發明出的飛機，點燃了少年本田宗一郎心中的火焰。

小學五年級時，本田宗一郎聽說在靜岡縣的和地山練兵場有飛機特技表演的活動。

本田宗一郎的家距離和地山練兵場超過20公里，但他非常渴望親眼看看飛機。

於是，他瞞著父母出門，硬是坐上大人的腳踏車，騎在滿是凹坑的石頭路上，一路顛簸地前往活動場。

好不容易到達現場，卻在入口處遇到大問題。「什麼？還要付入場費？」本田宗一郎瞞著父母出門，身上根本沒有錢。於是，他找到一棵大樹，然後爬到樹上，遠遠地看到了一點。

「哇！哇！哇！哇！哇！哇！哇！
是飛機！機器在空中飛耶！！！」

本田宗一郎說，他一生都忘不了那份感動。

這便是後來創立世界著名的ＨＯＮＤＡ（本田技研工業）的本田宗一郎的少年時代。

世界第一才是日本第一

一九五四年。日本經濟在持續繁榮以後，遭遇不景氣的浪潮。

在這樣的時空背景下，本田宗一郎領導的ＨＯＮＤＡ以「如果不是世界第一就不算是日本第一」為目標，開始進軍全世界。當時，ＨＯＮＤＡ才剛開始將唯一一款摩托車出口到海外，就宣佈要參加世界上最有名的摩托車賽事——英國的曼島ＴＴ賽（Tourist Trophy）。

本田宗一郎47歲，創立本田技術研究所已經８年。

參加這場比賽的都是世界頂級的製造商，因此，這場賽事的優勝者意味著將世界第一的摩托車製造商。對於當時還只是地方小工廠的ＨＯＮＤＡ來說，這場比賽可說是極其艱難的挑戰。

本田宗一郎心中堅信「成為世界第一才是日本第一」。目標愈艱難，他的鬥志就愈高昂。

一個月後，ＨＯＮＤＡ的員工都收到一份文件。

「為了參加曼島ＴＴ賽並獲得優勝，我們要共同努力，傾注全部的心力製作出別具匠心的摩托車。」

困難時刻更需要夢想

然而，問題接踵而至。ＨＯＮＤＡ的主力產品出現了問題，公司面臨自成立以來最大的經營危機，根本不是參加比賽的時機。

然而，本田宗一郎說：「困難時刻才更需要夢想。」堅持出國觀摩曼島ＴＴ賽。

本田宗一郎第一次看到曼島ＴＴ賽的壯觀場面，他簡直驚呆了。

別家摩托車馬力都是ＨＯＮＤＡ摩托車的三倍左右。

「根本是我從未想過的水準。」本田宗一郎不禁感到沮喪。

然而，對於聽到別人說「不可能」、「辦不到」反而會更興奮的本田宗一郎來說，「放棄」從來都不在他的選項內。

這是對於不可能的夢想發出的挑戰。

結果，這個選擇使得整個公司瞬間活力倍增。

儘管參賽之路比預想的更加艱難，第一年鎩羽而歸，第二年……第三年……第四年依然失敗。然而，就在第五年，ＨＯＮＤＡ終於成功參賽。

實際上，ＨＯＮＤＡ早已在這期間達到驚人的成就。

在追求世界第一的過程中，ＨＯＮＤＡ摩托車的生產量默默達到日本之冠。

追求世界第一以後，ＨＯＮＤＡ輕鬆成為日本第一！

但對本田宗一郎來說，成為世界第一才是真正的日本第一。

參賽的第二年，HONDA竟然獲得了優勝。

國外媒體紛紛讚譽為「東洋的奇蹟」。

「The Power of Dreams」

這正是夢想的力量。

朝著夢想前進時，困難就不再是困難。

無論是經營不善還是其他難關，都會成為讓火焰燃燒的薪柴。

想要成為日本第一的話，那就要追求世界第一。

不要把夢想當成是終點，要把它當成是一個過程，這樣夢想就會加速實現。

從創業初期開始，本田宗一郎在每天的晨會上，都站在橘子箱上喊出口號「我們的目標是世界第一」。

說個題外話，聽說本田宗一郎的做法也啟發了軟銀的社長孫正義，他在創業第一天就站在橘子箱上演講：

「我們要在5年內成為100億日圓的企業，10年內成為500億日圓的企業，這樣我們最後就會成為1兆日圓的企業。」

據說當時有兼職員工聽到這番發言以後，覺得社長的夢想太過不切實際，結果第二天就辭職了（笑）。

本田宗一郎的右手很好看，但左手卻滿是傷痕。

右手握著鎚子在敲敲打打，所以還是很乾淨。相反地，左手經常被錘子敲到，左手滿是傷痕，沒有一隻手指是沒受傷的。據說，他甚至曾把差點斷了的手指接回去。一道道的傷痕都代表著本田宗一郎的懊悔，而這些懊悔則讓他成為世界的本田宗一郎。

「挑戰新的事必定會歷經失敗，令人感到憤怒。因此，更要廢寢忘食地一次又一次地努力去做。」by本田宗一郎

今天，我站在橘子箱上，
我要說的不是「再來一箱橘子！」
而是「成為世界第一才是真正的日本第一！」
夢想不是終點，
當它是一個過程時，它就會實現。

若沒有瘋狂般的努力，

就不會長出羽翼。

——孫正義

「你只剩5年的壽命」

其實，此刻在我面前約20公分的地方，正是孫正義先生。

距離只有短短的20公分，可謂近在咫尺。

我眼前的孫先生意外地嬌小，大約只有10公分高。

各位猜得沒錯，其實是我的桌上擺著孫正義先生的照片（笑）。因為，我將這本書的假想讀者設定為孫正義先生。

孫正義先生從他的個人資產捐出100億日圓，用來幫助日本311大地震的受災者。此外，孫正義先生更全額捐出他自平成二十三年度至退休為止的薪酬，援助因地震失去雙親的孤兒。這樣的孫正義先生無疑是現代的革命家之一。

我想要寫出一本書打動這位革命家的心。

其實，孫正義先生從前也克服了巨大的逆境。

一九八三年。孫正義先生創業時只有3名員工，後來擴展到125名。日本軟體銀行（即軟銀的前身）的營收達到了45億日圓。然而，就在這時，年近30歲的孫正義先生卻突然病倒了。診斷結果是慢性肝炎，而且已接近極可能惡化為肝癌的肝硬化。這是死亡率很高的嚴重疾病。

「你可能只剩五年的壽命……」

孫正義先生被醫生宣判時日不多。

但是，倘若他長期住院治療，公司可能會比他還要早垮掉。

因此，儘管醫生總是罵他：「你這樣會讓自己更短命！」他還是每3天就從醫院偷溜出去，然後跑去公司開會。

剛住院時，據說孫正義先生曾在病房裡獨自啜泣：

「公司才剛起步，孩子還那麼小，難道我就要走了……」

我這麼努力學習，這麼滿腔熱血地創辦公司，結果只能再活5年而已……

我到底在為了什麼而工作呢……？

「開什麼玩笑！」

在反覆住院的日子裡，公司也開始出現了問題。

當時，電腦雜誌出版業務是公司主力業務之一，然而在發行的8本雜誌當中，就有7本雜誌的營收是虧損的。

年度赤字達到2億日圓！

當時的董事會一致決定「出售或完全關閉出版部門」，唯獨孫正義先生不同意這麼做。

「開什麼玩笑！」

身為社長的孫正義先生拍桌怒道，他絕不接受撤退做法。他認為出版業務在數位資訊革命的過程扮演著不可或缺的角色，所以更應該想盡一切辦法讓出版業務步上軌道。

孫正義先生經常溜出醫院，親自坐鎮指揮。他宣布：

「在接下來的三個月內，未能實現盈利的雜誌全部停刊。」

各雜誌的主編則強烈反對這個決定。

「你不適合做出版業的經營者！」

就算別人這樣說他，孫正義先生也不甘示弱回道：

「你們（對雜誌）的愛都是假象。我才是真正愛著出版業務。」

他拍著桌，這樣解釋：

「倘若孩子車禍重傷時，醫生跟父母說切除一條腿就能保命的話，父母肯定會優先選擇保住孩子的性命。」

孫正義先生氣呼呼地說著。

當公司的整個出版業務瀕臨危機時，怎能只在乎自己負責的雜誌能否存續呢。

孫先生與眾主編大吵一架。

最後，他們決定在接下來的3個月裡，每個星期都要開會討論，並要求各主編提交雜誌的損益計算書，澈底提高成本意識。

然後，他們也重新確認讀者回函，逐一針對「雜誌太薄」、「價格太高」、「封面不好看」等意見進行調整。

半年過後，結果如何呢？

除了其中一本雜誌外，所有的雜誌都實現了盈利。

在那年出版事業部的年終聚會上。

「大家真的都辛苦了。」孫總裁只說了這一句。

他的聲音在顫抖，接著沉默不語。

那一刻，一滴淚水自他的臉頰滑落……

這是孫總裁第一次在員工面前流下眼淚的瞬間。

真正想要的是什麼？

住院治療的那段期間，孫正義先生買了經營書、歷史書、電腦書等各類書籍共3000本以上，在病床上的他一本接著一本地讀。

那時，他重新閱讀司馬遼太郎的《龍馬行》，這本書曾在他年輕時給他留下深刻印象。坂本龍馬脫藩後大約花了5年改變日本。

「你也許只剩下5年的壽命……」醫生宣告他的壽命只剩5年。

「假如還有5年，我應該還可以大幹一場。」孫正義先生換了個想法。

「因為自己命不久矣就意志消沉的話，怎能成大事。眼界就應該放得更長遠才對。」

這本書讓他開始有了這樣的想法。

假如我的人生剩下5年的話……

車子、房子都不要了，沒有了一切的物欲。

那麼，我真正想要的是什麼？

「我想看見剛到這世上的女兒綻放笑容。」

孫正義先生這麼想。

孫正義先生得知自己或許只剩5年的壽命時，他的女兒才剛出生。他希望能一直看著她，最想珍惜的就是這段時光。

隨即，有個聲音問他：

「這樣就夠了嗎？」

他的內心這麼問他。

不。我想看見全家人的笑容。

「這樣就夠了嗎？」

不。我也想看見員工的笑容。

「這樣就夠了嗎？」

不。我也想看見客戶的笑容。

沒錯，我要用剩下的生命為大家帶來笑容。

那段與死神拔河的日子，是孫正義先生重新審視人生價值的寶貴時光。

成為業界第一的理由

孫正義先生的祖母常說：「都是託人家的福。不論遇到多大的困難，不論過得有多麼辛苦，還是有人在幫助我們。都是託人家的福。所以，我們絕對不能去怨恨別人。」

孫正義先生的祖母在14歲時從韓國來到日本。韓國籍的她日語不流利，在日本又沒有熟人，更經歷了戰火紛飛的時代。然而，這句「都是託人家的福」卻是辛苦了一輩子的祖母的口頭禪。

面對死亡，孫正義先生明白一件事。

人生最重要的不是金錢，也不是地位和名譽。

而是像祖母一直身體力行的「為人帶來喜悅」。能夠做到這樣的貢獻，才是真正的幸福。自從住院以後，這份體悟也更深了。

經過3年反覆地住院及出院後，時間來到一九八六年。醫學界找到了劃時代的療法，孫先生順利地康復！正式重返工作崗位。

「希望我的事業能讓世界上的某個小女孩露出微笑。為了這一瞬間，我想成為業界第一。我一直真心這麼想。」by 孫正義

對你而言，幸福是什麼？
最重要的一件事，就是好好珍惜，
你最珍惜的事物。

這個世間的事只值幾塊錢。
像放屁一樣輕鬆地過你的人生吧。

——坂本龍馬

去見愛人卻被砍傷的倒楣男人

若仔細看日本幕末英雄——坂本龍馬的一生，就會發現他經歷了一連串倒霉事。

坂本龍馬久違地來到寺田屋。這是後來嫁給他的阿龍在京都幫傭的旅館。當晚，他被100名幕府的人包圍，所幸後來成功逃脫。

雖然保住小命，手臂卻被狠狠地砍了一刀，大量出血。終於與愛人相會，卻偏偏是在這個晚上被偷襲。

「至少讓我好好地親一下她嘛。」我猜這有可能是坂本龍馬當時的心聲。

龍馬，你真是倒楣透頂了！

除此之外，他好不容易創立了貿易公司——海援隊，高呼：「我成立公司了！」卻始終得不到船。好不容易弄到了一艘船，滿心期待地首次出航，結果那艘船卻就此沉沒了。

真是倒楣透頂了，龍馬！

這就是日本首次蒸汽船相撞事故，即「伊呂波丸事件」。

當時，坂本龍馬32歲。他搭上名為伊呂波丸的小型蒸汽船從長崎出港。這是海援隊的首次出航，他教隊員們唱著：「今天開始出航的船是開始訓練的伊呂波丸♪」一行人愉快地搭船出航。然而，伊呂波丸竟然在瀨戶內海與另一艘蒸汽船——明光丸相撞。坂本龍馬等人爬上明光丸，撿回一命，但伊呂波丸卻沉沒了。

而且，對方還是德川御三家當中的紀州藩。坂本龍馬等一行人都是脫藩的浪士，面對這樣的對手根本沒有勝算。借來的船沉沒，貨物也全部沉入海底。坂本龍馬陷入重大危機，面臨鉅額損失。

坂本龍馬，你真是倒楣透頂了！

在大危機中唱歌重振精神

然而，這才是坂本龍馬上演復活戲碼的開始。坂本龍馬等海援隊員皆主張此次相撞是明光丸的過失。

對方是德川御三家中的紀州藩，而海援隊事實上則是「自由工作者」。德川御三家VS自由工作者，這種情況通常只能吃啞巴虧。

但是，坂本龍馬沒有放棄。他怎麼做呢？

Sing a song就對了！

船隻沉沒以後，他以作詞作曲的方式迎戰賠償金問題！

「♪～撞沉我的船要付出代價，你若不負責，我就奪你的領國！啊～讚啦讚啦♪　奪你的領國，吃你的橘子♪　讚啦讚啦～」

他唱著：「如果你們再這麼逃避，我們就不要拿賠償金，我們要奪你們的領國，吃掉和歌山的橘子！讚啦！讚啦！」

坂本龍馬創作了這首歌，讓大家在街頭巷尾傳唱，引起社會對這件事的關注，讓紀州藩無法逃避。畢竟，御三家還得顧及顏面。

不只如此。要是讓幕府主導判決的話，他們肯定毫無勝算，所以為了讓判決更加公平，坂本龍馬還搬出了國際法著作《萬國公法》。坂本龍馬可不只是個唱作歌手。好戲還在後頭。坂本龍馬在談判時還被同伴臭罵一番。

「坂本龍馬，你在磨蹭什麼？你是傻了嗎？你這個沒用的笨蛋！」

「坂本龍馬，你談判太溫和了。紀州藩這種地方就應該整個領國都搶過來。」坂本龍馬就像這樣被他的同伴罵得狗血淋頭。

坂本龍馬竟然在談判場上被自己的同伴怒罵。結果，紀州藩的人看到之後，便開始覺得：「哎呀，坂本龍馬這個老闆居然被罵成這樣。海援隊的這些人真不好惹，我們如果不順他們的意，可能會吃不完兜著走。」

實際上，這也是坂本龍馬的策略。他讓海援隊的成員特地在談判時帶上刀劍並故意斥罵自己，而這麼做就是為了嚇唬住對方。

跌倒也不白跌的男人

事故發生1個月後，紀州藩同意以賠償8萬3526兩198文給海援隊讓事件落幕，賠償金額相當於現在的數億日元。

至於海援隊為何能夠獲得這麼多賠償金，則因為坂本龍馬聲稱伊呂波丸的貨物中有400支的米涅步槍。然而，至今已經進行了4次關於伊呂波丸的水下調查，卻從未發現米涅步槍，也沒看到任何零件。

也就是說，坂本龍馬可能虛張聲勢，靠著從未存在的槍支獲得一大筆賠償金。

跌倒也不白跌的那個男人。

自由工作者團隊海援隊，擊敗了御三家的紀州藩！

唱著歌，搬出了國際法，最後上演一場盛大的戲碼！

在大危機中唱歌的那個男人。
在大危機中放眼世界的那個男人。
被追殺時還和阿龍去看煙火的那個男人。
坂本龍馬在信中將自己的活動描述為「盛大的戲」。
對坂本龍馬來說，他以生命為賭注，試圖創造新日本的這些活動就是「盛大的戲」。

順帶一提，據說坂本龍馬是個音痴，但他總是愉快地唱歌。
最後，我們就用唱歌結束坂本龍馬的故事吧。

「♪～　奪你的領國，吃你的橘子♪　讚啦讚啦～」by坂本龍馬

在危機時刻哼著歌吧。
因為這個世界是舞台，
人生就是一場盛大的戲。
啊哈～讚啦♪讚啦♪

我們要在東京蓋出世界第一的鐵塔，

這是日本復興的證明，

我們要給日本人

帶來自信。

——建造東京鐵塔的96名匠人

在焦土之上建造世界第一高塔！

坂本龍馬等革命家推動明治維新，江戶重生為東京。

然而，一九四五年爆發太平洋戰爭，空襲使這個東京變成一片焦土，一切化為烏有。

日本戰敗後，過了10年。

當時，幾乎沒有工業品能稱霸世界的日本決定挑戰世界第一。這是史上最大的作戰——建造一座名為東京鐵塔的世界第一高塔。

在此之前，日本第一高塔是高180公尺的名古屋電視塔，日本要在這個頻發地震及颱風的土地，建一座高度將近360公尺的東京鐵塔。

為此，建造鐵塔的鋼筋必須愈細愈好，以減少颱風的風阻；同時還要達到以毫米為單位的精確建構，以確保能在地震中保持強度。

這樣，真的能將重達4200噸的鋼筋組裝起來嗎？

究竟要由誰來進行這項工程？這項工程究竟會讓多少人喪命？

在這樣的情況下，匠人們以生命作賭注的挑戰就此展開。

東京鐵塔的特別展望台上，有個區域只有相關人員才能進入。這裡，設有一座金屬製的紀念碑。

這座紀念碑上刻著96個名字，他們都是參與建設的技術工人。其中之一，便是當時25歲的建築工人，桐生五郎。

桐生五郎手藝高超且膽識過人，被任命為年輕工匠的代表。

那時當然還沒有大型吊車等設備，所以都是由這些站在狹窄鷹架上的建築工人親手將運到鷹架上的鋼筋組裝起來。有的鋼筋很長，甚至超過20公尺，而他們都沒有組裝過這麼長的鋼筋。

在最上方進行作業的工人，正是桐生五郎。

離地高度簡直讓人頭暈目眩，他無懼死亡的距離，在這裡進行作業。入冬時寒流來襲，鷹架也曾因此結冰。

桐生五郎從鷹架高處摔下10次，幸好每次都保住性命。

隱藏在東京鐵塔的東京愛情故事

某天，桐生五郎接到電話，是母親打來跟他說相親的事。

「媽，我現在還冒著生命危險在工作。

這種時候叫我去相親!?

好啦，我一定會去相親！」

我不知道是否有這樣的對話（大概沒有），不過他確實決定去相親。

桐生五郎請了半天假跟相親對象見面以後，就立刻拜託母親去向對方提親。

他對那女孩一見鍾情。然而，那女孩並未給他回應。因為，當時的她還有其他的心儀對象。

終於要到東京鐵塔即將完工的那一天。最後的難關是將巨型天線安裝到鐵塔的頂端，這座天線將會把訊號發送到整個關東地區。

將這座天線安裝在塔頂是前所未有的升級作戰。工地主任和桐生五郎站在約280公尺高的臨時鐵塔上，鋼筋的寬度僅有15公分寬。他們連同臨時鐵塔被強風吹得左右搖晃。低頭往下一看，地面上的人就像米粒一樣小。

在這樣的狀態下，桐生五郎從天還沒亮就在臨時鐵塔上待命了好幾個小時。這時，鐵塔突然劇烈晃動，風速超過每秒16公尺。

「危險！」

所有人都緊緊抓住鋼塔。一旦墜落必死無疑……

工地主任立刻命令所有人停止作業，巨大的天線就懸掛在空中。眾人冒著生命危險在鐵塔上等待了1小時，工地主任終於再次下令。「就是現在！」重達數十噸的巨型天線緩緩地往上升。

15時47分，現場響起歡呼聲，這座巨大的天線終於成功地安裝在離地333公尺的高處。桐生五郎全身顫抖。這是世界第一的東京鐵塔完成的那一瞬間。

東京鐵塔完工的隔天，桐生五郎舉行了婚禮，新娘正是當初與他相親的女孩。其實，在她猶豫著該如何答覆桐生五郎時，她還跑去東京鐵塔的工地偷偷看了桐生五郎。

她看到桐生五郎在鐵塔上敏捷俐落地工作的身影。

「這個人或許是個了不起的人。」那一刻，她對桐生五郎心動了。得到答覆的桐生五郎先生也下定決心。

完成世界第一的東京鐵塔後，就要跟她結婚。

東京鐵塔的興建工程背後，原來還隱藏著這樣一個愛情故事。

沒有做不到的事情

在東京鐵塔使用的4200噸鋼材中，其實有3分之1都是來自美軍的坦克。雖然也是因為當時鋼材短缺才這麼做，但這些曾給日本這塊土地帶來悲傷的坦克經由日本人的手拆解並熔化以後，便重生為希望的象徵。

讓悲傷重生為喜悅的，就是那座東京鐵塔。

「在東京建世界第一的鐵塔，是日本復興的象徵，並給日本人帶來自信。」

96名匠人的熱情深深烙印在這座東京鐵塔。

這些匠人拚上了自己的性命，希望為眾人帶來勇氣及自信。

東京成功地從一片焦土之中重新復活。

東京鐵塔完工1年後，伊勢灣颱風（薇拉颱風）侵襲關東地區。

東京鐵塔也遭受猛烈強風（風速每秒52公尺）的襲擊。東京鐵塔究竟會如何呢!?

東京鐵塔文風不動。

帶著滿滿的愛在工作的桐生五郎沒有出任何紕漏呢。

「沒有做不到的事，不去做就不可能成功。」

這是雕刻家平櫛田中先生說過的一句話，正體現了日本人的精神。

以後，每當你們看見東京鐵塔，或許就會想起那些拚上自己性命給日本人帶來希望的無名英雄吧。東京鐵塔一定也會輕聲對你們說：

「沒有做不到的事喔。」

就算拚上性命在工作，
也不要拒絕相親（什麼？）。
就算變成了一片焦土，
希望之火也不會熄滅。

第3章

跨越逆境的名人格言

士魂商才就是，要帶著武士的精神發揮出經商之才。

——出光佐三

為什麼而活？

在撰寫偉人傳記時，我注意到一件事。

這些偉人的個性都不同，但是他們很明顯地都有一個共同點。你們知道那是什麼嗎？

那就是他們從未想過「只要自己過得好就行」。

眼裡只看得到自身幸福的德蕾莎修女。

一心只為自己祈求「明年一定要受歡迎」的坂本龍馬。

這些畫面真的很難想像，對吧？

接下來，我就來介紹一位從未想過「只要自己好就行」的男人。

他就是擁有武士精神的商人——出光佐三。

人為什麼而活？
我們工作是為了什麼？

這位日本人用自身行動回答這個問題，並且震撼全世界。

1006名員工全部留下，不裁員任何一人！

一九四五年八月十五日，原子彈落在廣島和長崎，日本戰敗。

日本戰敗的那一天，出光佐三這麼說：

「現在，輪到我和美國打仗了。」出光佐三這麼想。

「日本並沒有輸，這是向全世界展示日本真實面貌的絕佳機會。」戰後的日本一片焦土，公司和工廠紛紛倒閉，失業人數達到1500萬人。在這種情況下，擁有1006名員工的出光興產該如何度過這場前所未有的經營危機？出光興產的主要產業早已移至海外，而日本戰敗讓出光興業的一切事業都化為烏有。為了公司的存續，裁員是首要考慮之事，這也是當時大多數的公司採取的做法。然而，出光佐三的決定卻與大家不同。

「我們不裁員任何一人，員工全部留下！」

他這麼宣佈。

儘管失去了事業、設備和資金，但他仍決心養活這1006人。高階主管當然強烈反對，認為這是不可能的。但出光佐三笑著說：

「不夠吃三餐的話，就少吃一餐，但是我絕不裁員。假如公司真的到了山窮水盡的地步，那我就跟大家一起去當乞丐吧。」

街頭巷尾都流傳著「出光佐三腦袋壞了」、「出光佐三瘋了」的傳言，甚至還有人說他自殺了。但是，出光佐三其實十分清醒，萬一真的不行了，大不了就一起去當乞丐吧。

這個對於最糟糕的情況已有準備的男人，已經無所畏懼。
而且，他還在員工面前這樣演說：

「在這種時刻，我要對各位說三件事：
一、停止抱怨。
二、重視日本三千年的悠久歷史。
三、從現在起開始建設。」

這是第二次世界大戰結束後的第2天，他透過演說鼓舞員工開始建設新日本。
而且，他還讓人重新製作被燒毀的員工名冊。
據說員工名冊完成以後，他還很開心地喃喃自語道：

「哦，這就是我的財產目錄啊。」

對他來說，金錢不是他的財產，他的員工才是最大的財產。

出光佐三變賣了他在戰前收藏的骨董書畫，不夠的部分他就去跟別人借。然後，他擠上擁擠的火車，親自走訪所有員工的家，把錢拿給當時陷入經濟困難的員工。這時的出光佐三已經60歲，屆花甲之年。無論處境有多麼艱難，這1006名員工沒有一個人被裁員。因為，員工就是他的家人。

家人之間沒有所謂的解雇，也沒有所謂的打卡上班、出勤簿和退休。所以，出光興產的每一份子也沒有所謂的解雇、打卡上班、出勤簿和退休。

「退休在於個人心中，當你覺得自己不能再工作時，那就是你的退休時刻。」這是出光佐三的理念。

出光佐三的家族愛感動了員工，使他們團結一致。出光興產原本是石油公司，但是為了讓公司延續下去，他們什麼都肯去做。

他們修理收音機，做過印刷業、農業，釀過醬油，也經營定置網漁業。一家人齊心走過混亂的戰後時期，終於收復石油事業。

當然，沒有任何一個人被裁員。

因為是家人，無論發生什麼都要相信對方。有一次，公司把加班費拿給加班的員工以後，結果就沒有人再留下來加班。員工說：「我們留下來加班是為了把還沒做完的工作處理完，並不是為了拿加班費。我們的生活已經穩定了，沒必要再拿加班費。」

得到別人的信任後就會想回應這種信任；在愛之中成長就會用愛去回應別人。在我們的人生中，「給予」就是一種「收穫」。

因為將員工視為家人，出光佐三對於員工的教育也很嚴格，毫不手軟。他會親自地指導員工，甚至連如何寫單據、如何打掃也都鉅細靡遺地指導，而員工們都曾近距離感受到他認真的眼神。

工作就是要這麼認真！

出光佐三這麼說。

他認為人是最重要的資本，而試煉和困難則能讓人這塊寶石得到磨練。因此，出光佐三從不選擇輕鬆賺錢的道路。假如有2條路可以選，他會選擇困難的那條。出光佐三展現的愛是歷經試煉和困難以後，真正閃耀的愛。

大英帝國VS日本普通民間企業

試煉的時刻來臨了。一九五二年（昭和二十七年），當時全世界的石油大多都被歐美的石油巨頭——國際大石油公司（七姐妹）壟斷。日本的大公司也受到這些石油巨頭的控制，唯獨出光興產例外。

出光佐三一直以來都堅決反對壟斷，認為這是不利消費者的行為。儘管遭受過無數次的妨礙和騷擾，以致無法順利採購石油，出光佐三也從未妥協。

這時，伊朗詢問出光佐三是否願意向伊朗購買石油。伊朗長期以來遭到英國的剝削，以伊朗的石油換來的巨額財富從未惠及伊朗人民，全部都被英國納為己有。

在伊朗的英國人住宅區裡，居民的庭院皆是綠草如茵，繁花盛開，然而伊朗人所居住的地方卻變得愈來愈像貧民窟，有80％的人口長期營養不良。為打破這一局面，時任伊朗首相的穆罕默德・摩薩台控制國民議會，並宣布石油國有化。

然而，英國拒絕此舉，聲稱伊朗石油屬於英國所有，並且派遣艦隊前往波斯灣監視，並威脅將擊沉任何向伊朗購買石油的船隻。伊朗政府希望出光佐三向伊朗購買石油，但出光佐三當時認為時機未到，一度婉拒伊朗的提議。

出光佐三的拒絕是有道理的。假設要你的公司要與大英帝國的軍隊一決高下，你怎麼想呢？大概沒有人敢冒著風險去做這麼危險的買賣吧？畢竟英國政府可是表明「一旦發現，立即擊沉」的態度。然而，伊朗再次洽詢出光佐三的意願。伊朗已經走投無路了，因為英國通知其他國家禁止與伊朗貿易，封鎖並孤立伊朗的經濟。義大利的油輪也曾嘗試前往伊朗購買石油，卻遭到英國的艦隊攔截。此後，再也沒有其他國家敢向伊朗購買石油。

經濟遭到封鎖和孤立的伊朗將希望寄託在出光佐三身上，因為出光興產是極少數不受國際大石油公司（七姐妹）控制的石油公司之一。

出光佐三也想回應這份請求，於是收集了所有能夠獲得的消息。這時，他得到美國將幫助伊朗出口石油的消息。此外，他還得知荷蘭海牙的國際法院正朝著承認伊朗石油設施國有化的方向在行動。於是，出光佐三毅然做出決定。

「我們前往伊朗購買石油。」

假如國際法院認定伊朗的石油屬於伊朗，而不是屬於英國的話，那麼正義就在伊朗這一邊。現在正是拯救伊朗人民的時刻。石油是產業的血液，如果能夠從伊朗進口石油，不僅能打破國際大石油公司的壟斷和剝削，還能給日本帶來穩定且低價的石油供給。

這樣做對日本國民大有裨益。
既然如此，就值得我為此搏命。
哪怕敵人是強大的大英帝國……

另一方面，英國的態度依然強硬。他們在世界各國的報紙上刊登這樣的廣告。

「對於任何購買伊朗石油之人，英國政府將採取任何措施。」

「將採取任何措施。」大英帝國是認真的。

然而，出光佐三的決心仍未改變。

大英帝國vs日本的普通民間企業——出光興產。

一切都必須在不被英國察覺的情況下進行。出光佐三祕密地向日本國內的船公司租一艘駛往伊朗的油輪。

然而，到了最後一刻，船公司莫名地拒絕交付油輪，似乎受到了某種壓力。

但是，在這種情況下還與船公司爭執的話，恐怕會走漏消息。

出光佐三隱忍下來，決定使用出光興產唯一的一艘油輪。這艘「日章丸」是出光興產自美國進口石油到日本的油輪，一旦被英國軍隊攔截，出光興產將一敗塗地。同時，身為船長的新田辰男是否願意接下這一次賭命的航行也是個問題。而新田船長的回答是：

「我在想也許有這一天，早已研究好波斯灣的航道。」

新田船長自16歲起就上船，如今臨近花甲之年，這次的任務依然燃起了他的熱血。為了祕密執行任務，出光興產成立專案小組，也擬定船隻的溝通暗號。出光佐三在最終階段拜訪日本外務省的經濟局長，表明這項祕密計劃。

「如果這項計畫對日本有重大影響，我願意放棄。您認為呢？」

「我認為應該沒有什麼決定性的影響。不過，我身為外務省的官員，無法事先針對英國的外交給予你承諾。」外務省的反應也是合理的。出光佐三隨後前往京都的岩清水八幡宮（掌管水運的神）參拜。他又前往龍安寺，望著寺中的石庭，再次面對自己的內心。

如果英軍擊沉日章丸，船上的55名船員都難逃一死……

真的要冒著這麼大的危險，讓船員們前往伊朗嗎……？

不會的，應該不至於這麼嚴重。我們已經徹底調查過了，雖然對方是英國的軍隊，以目前的狀況來說，最多也只是扣押船隻。

但是，萬一……

我們前往伊朗的目的究竟何在……？

到底是為了什麼……？

這到底是為了什麼……？

出光佐三再次思索此次出航的目的，然後離開了庭院。他已經做好了覺悟。

最終，由新田船長率領的日章丸啟程前往伊朗。

「啊，日本也有這樣堅強的人！」

日章丸進入波斯灣後就斷絕一切通訊，以防消息走漏，也包括與出光興產總公司的聯絡。接下來的情況無人知曉，出光佐三也只能祈禱。出光興產總公司的電話響了，是報社打來的電話。

「我們收到電報，有一艘日本的船隻抵達伊朗的阿巴丹，請問是貴公司的船嗎？」

隨後，他們陸續收到來自國外的電報。日章丸已經平安抵達伊朗了，不必再繼續隱瞞了。出光佐三向外務省報告此事，並召開記者會。

這時，有一位記者提問：

「有人稱您是現代的紀伊國屋文左衛門，請問您有何感想？」

紀伊國屋文左衛門是在江戶時代的商人，他冒著狂風暴雨將橘子從紀州運到江戶，建立起傲視當代的鉅富及名聲。

出光佐三這麼回答：

「稱我為紀伊國屋文左衛門真是太荒唐了。這可說是天大的誤解。各位認為我是為了壯大出光興產才決定這次的行動嗎？那絕對是錯誤的理解。我絕對不會為了這種雞毛蒜皮般的小事，而不顧日章丸以及50多名船員的珍貴生命。」

只是為了自己……我才不會為這種小事就讓別人去賣命。

這麼做為了貧困的伊朗國民，也是為了保護石油不被七姐妹壟斷，還有為了日本國民的利益。

你希望自己的存在對誰而言擁有什麼樣的意義？這個問題的答案，正是你活著的理由。

當一個人做出了決斷，決意為他人而活時，他便超越了自己。

「決斷」二字拆開來看可以是「決定」並「切斷」退路。從前的日本武士就是這樣的人。此時的出光佐三已經68歲。

「日本！日本！」伊朗人民熱烈歡迎冒著生命危險來到伊朗的日本船隻。看到這一幕，新田船長心中流淌過一股熱流。與此同時，日本國民也沸騰。此次行動在戰敗後意志消沉的日本國民心中，點燃了勇氣及希望之光。出光興產收到如雪片般飛來的感謝信。

其中一封來自一位家庭主婦，她寫著：

「身為一個日本人，我感到無比的激動。自戰敗以來，不論是誰對外國人的態度都變得卑屈至極。當我們必須承認過去的錯誤，並拿出身為日本人的自豪，重新努力為世界和平做出貢獻時，當前的狀況卻令我感到悲憤。這時，我發現原來日本還是有如此有男子氣概的老闆，真的很讓人羨慕在這位老闆手下工作的員工。」這封信的最後寫著：

「原來，日本還是有這麼堅強的人。」

日章丸順利地在伊朗裝載石油，但究竟能不能避開英國軍隊，平安返回日本呢？真正的挑戰才剛剛開始。

波斯灣最深處的水位非常淺，即使查看海圖也無法確定航行狀況，只能憑藉經驗摸索前進。滿載石油的日章丸船底與海底僅有不到1公尺的距離，萬一不慎擱淺，後果將不堪設想。這將是一趟片刻都不能鬆懈的航程。當油輪駛入阿拉伯河時……

轟！

就在那一瞬間，船身劇烈晃動。

日章丸的螺旋槳攪動了泥沙，水面迅速變得渾濁。

難道擱淺了嗎……？

「全速前進！」

新田船長立刻下達指令，提升引擎動力，日章丸的速度逐漸加快。

船員們屏息注視，好不容易走到這一步，絕不能因為擱淺而失敗。

泥沙被攪動得更激烈，水面變得愈加渾濁。

不曉得引擎還能撐多久，但此刻必須全速前進！

能順利通過嗎？現在只能祈禱了。

油輪突然加速了。

通過了！

船員們終於鬆了一口氣，他們渡過了難關。然而，現在仍須繃緊神經，因為他們隨時都還可能遭受來自英國軍機的攻擊，還可能派出裝載爆裂物的小船衝撞日章丸。

甲板上的船員們必須嚴密監視。

英國海軍到底會在哪裡伏擊他們呢……？

新田船長判斷英國海軍將在麻六甲海峽埋伏。但是，如果他們不走馬六甲海峽，就得繞道經由蘇門答臘和爪哇之間的巽他海峽回日本。這樣一來，他們將損失2天以上的寶貴時間。到底該走哪一條……？日章丸面臨命運的抉擇。

新田船長集中所有感官，然後在心中默默地問自己。

該走哪條路？

為了伊朗，為了日本，也為了保護這50多名的船員，我們必須安全返回日本。

我們要回到日本，再次見到出光社長的笑容。

「我們繞遠路走！」

新田船長相信自己的直覺。

事實證明他的判斷完全正確，英國海軍果真在阿拉伯海以及麻六甲海峽埋伏。憑藉新田船長的直覺以及航海技術，日章丸成功突破英國海軍的包圍網。經過48天的航行後，日章丸安全抵達日本。

港口響起了絡繹不絕的萬歲呼聲。新田船長從船上走下來，早已在此等待的出光佐三也迎上前。兩人目光交會，緊緊握手。

「謝謝你安全回來了。」出光佐三說道。

二人皆已熱淚盈眶。

同時，搏命而歸的船員們也爆出了歡呼聲。

這就是武士。

他們向全世界展示了日本人的驕傲。

日文的「武士」可寫作漢字「侍」，源自於動詞「侍奉」。意思是守護重要之物。

英國向日本外務省提出了嚴正的抗議，但出光佐三在記者會上堂堂正正地說：

「購買伊朗石油在國際上以及國內都是合法的交易，與英國政府無關。」

日本的其他業界也紛紛表態支持進口伊朗石油。

最後，出光興產與控制伊朗石油的英國石油公司對簿公堂，出光興產取得全面勝利。

「我要賺錢！」從未出自出光佐三之口，那他究竟說了什麼？

這正是震驚世界的「日章丸事件」。

當時，伊朗的首相摩薩台這麼說：

「我由衷地感謝日本決心購買伊朗的石油。日本是伊朗的救世主。」

摩薩台首相還說：

「日本人的偉大一直都令伊朗人民感到敬佩，日本人勇猛果敢的精神令我們欽佩。」

日本曾有這樣的民間小企業敢與大英帝國正面交鋒。曾任出光佐三的副手，後來成為出光興產第3任社長的石田正實說，他與出光佐三共事超過40年，從未聽他說過一句「我要賺錢」之類的話。

那麼，身為經營者的出光佐三說過什麼話呢？

「要愛人。」

他就是這麼說的。

他所說的「人」指的是員工、顧客，以及日本國民。

此外，出光佐三還說：「不需要說任何話，只要站在對方的立場去考慮，這就是愛。」

據說，他還特別強調處於強勢地位的人就應該時時考慮到地位弱勢的人。

出光佐三為何選擇在6月20日創業？

身高167公分，中等身材，戴著銀框眼鏡，擁有武士精神的商人——出光佐三。那麼，他的原點是什麼呢？

出光佐三就讀神戶高商（現神戶大學）時的水島鐵也校長可說是對他影響深遠。水島校長也是福澤諭吉的朋友，說他是愛的化身一點也不為過。水島校長會與每位學生面談，邀請學生到家裡，跟他們聊聊家庭情況，充分了解每位學生的個人情況，並傾聽他們的就業想法，幫助每位學生找到工作。即使學生已經畢業了，他仍會邀請他們到家中，繼續關心他們。水島校長就是這樣一位將每位學生都視如己出的長輩。

水島校長很重視一種精神：

「士魂商才」。

正是水島校長所重視的精神。

擁有武士的精神，展現商人的才華。

即是所謂的「士魂商才」。

這份精神成為出光佐三的理念，也就是他一直重視的「我們的事業不是為了盈利，而是要為尊重他人以及為日本做出貢獻」。剛創立公司時，出光佐三便將水島校長親手寫上「士魂商才」的匾額掛在公司門口。「education」（教育）一詞源自拉丁語的「educo」，意思為「引出」。水島校長的愛引出了出光佐三的愛。

用愛引出愛，這才是真正的教育。

對於出光佐三來說，這才是經營的真正目的。正如同他曾說：「石油只是小事。」經營石油業才是他的主業，但對他來說，這只是小事而已。

工作對於出光佐三而言是一種手段，

是為了讓自己能為他人而活，以及培養出擁有愛的人。

因此，他會對前往美國銷售石油的員工這麼說：

「你們不是去美國賣石油的，而是去向美國人展示日本人的風采。要讓美國人看到我們日本人是如何互相禮讓、互相幫助、團結一致地在工作。」

順便一提，出光佐三創立出光興產的日期是六月二十日。

他很早就決定如果要在這一天創業。

你們知道這一天是什麼日子嗎？

這一天是他母親的生日。

「回憶母親，我總會想起她努力工作的身影。她的節儉躬行，成了我一生的基礎。」

另一位影響出光佐三的重要之人，正是他的母親。

出光佐三在8個小孩當中排行第3，他本來因為父輩之間的舊約，要被送到開布店的親戚家當養子，但他堅決抵抗被送養。這時，毅然決然地與他站在同一陣線的人，正是他的母親。出光佐三的墳墓就位於老家福岡縣的赤間。出光家最大的墳墓是祖先的墓，其次是出光佐三父母親的墓，而最小也最簡樸的那座墳墓，正是出光佐三的墳墓。這是他在生前要求的，反映了他的性格。

話說，這個一生從未說過自己「就要賺錢」的男人，最後留下了多少遺產呢？他的遺產竟然超過了77億日元。

出光佐三從不只顧貪圖個人私利，他一心一意為員工、顧客以及日本國民著想，且從未停下他的行動，最後也在不知不覺中累積大量的財富。想必金錢也喜歡流向能夠給人帶來許多喜悅的人吧。因為，金錢肯定也希望被人珍視。

「佐三」這個名字中的「佐」意為「在旁協助他人」。

一而再，再而三地幫助他人，就會湧出心中的光芒。

這就是「出光佐三」這個名字的含義。
出光佐三不負期待地實現了父母賦予他的這個「名字」當中的「使命」。

當你只顧貪圖個人私利時，湧現的是恐懼。
當你體貼關懷他人時，湧現的則是勇氣。
你要帶著恐懼活著，還是帶著勇氣活下去呢？

盡全力去行動，連同逝者的份一起。
盡全力去思考，連同逝者的份一起。
盡全力去感受，連同逝者的份一起。

——間瀨慶藏

「我絕對不會說『早知道就……』」

轟──轟──轟──轟──轟──！

前所未見的黑色海嘯高牆襲來。

二〇一一年三月十一日，日本發生311大地震。

依靠三陸豐饒海洋資源的漁業小鎮──岩手縣的山田町，整個被海嘯吞沒了。當時經營「BIHAN超市」的間瀨慶藏（當時33歲）也失去了自己的家，超市也被摧毀。

間瀨先生當時想著：「下一波海嘯來襲的話，我肯定會死。」

那一刻，間瀨先生清楚地意識到，人總有一天會死……

幸運的是他倖存了下來。與死亡擦身而過的間瀨先生在地震過後，心中湧現出這樣的念頭：

「不去做的話，肯定會後悔。
我絕對不會說『早知道就……』之類的話。」

「我不想放棄。」

大地震過後，仍不停地餘震，這時，大家都不知道該做什麼。間瀨先生一夜未眠，一直在思考：「我現在能做什麼？」

我要成為山田町的冰箱！

「超市的工作就是擔任山田町的冰箱。所以，我無論如何都要為大家確保食物。如果我們現在不做的話，誰要來做？」於是，他馬上前往盛岡，確保食物供應。震災後第4天，間瀨先生就在被摧毀的超市旁的停車場開設露天超市。3月的岩手縣仍然寒風刺骨，他們面對寒冷的海風，忍著發抖的身體，重新開始營業。

盡全力去行動，連同逝者的份一起。
盡全力去思考，連同逝者的份一起。
盡全力去感受，連同逝者的份一起。

三月十一日，ＢＩＨＡＮ超市被摧毀。４天後的三月十五日，便以露天超市形式重新營業。八月七日，ＢＩＨＡＮ超市重建完工。

ＢＩＨＡＮ超市僅用５個月的時間就完成重建，背後有一個原因讓他們無論如何都要在盂蘭盆節前重新開業。因為，盂蘭盆節需要為逝者準備花朵、團子和供品。

二〇一一年，山田町有許多人都走了，這將是一個特別的盂蘭盆節。為此，超市員工全心全力工作了５個月。

即使是假笑也能向前

我會見到間瀨先生，是因為朋友邀我去山田町。剛到山田町時，是一位漁夫大叔熱情接待我們，他拿出大量的牡蠣和淡菜招待我們。「多吃點！」漁夫叔叔說。「這裡的夥伴，房子都被沖走了，也沒了工作，哈哈哈哈哈。」

什麼？什麼？我聽到了什麼？

災區的民眾沒有了家，也沒有了工作，為什麼還這麼開朗？

過了1小時，我問這位叔叔：

「你們為什麼這麼快就能恢復過來？」

大叔聽到我的問題後，臉上瞬間失去笑容。

他反問我：

「你覺得我們恢復了？」

糟了！我怎麼會問出這種問題……

「一直沉溺於悲傷之中也不會有任何改變。現在，只能向前看。就算只是假笑也無妨，笑著的人才會繼續向前進。」

大叔這麼對我說。

後來，我才知道大叔這場災害中失去了哥哥。

100年以後，你我都不在這顆星球上

住在山田町的這些人在一夜之間失去家園、工作以及家人，卻依然笑笑地繼續往前進，哪怕這樣的笑並不是真正的笑。

我在山田町遇到的另一位漁夫說：

「即使沒得吃，我也不會放棄這份工作。」

一位因店面被海嘯沖毀，而在自家重新開業的食品加工老闆說：

「我不怨恨大海，反而感謝大海給我們帶來的恩惠。能夠像這樣繼續工作，我心裡只有感激。」

還有一位60多歲的老太太原本經營水產加工廠，也因為工廠被海嘯沖毀而失去銷售通路，於是開始學習使用網路。也有人告訴我，他為了心愛的山田町，決定開了間義式餐廳。跟他聊了一陣子之後，得知他的妻子也在海嘯中喪命……

即使失去家園、工作，甚至是失去家人，人們依然能夠復活。我們的生命就是擁有這種力量。

「別小看生命的力量！」

好像有人這樣告訴我。

100年以後，我們都不在這顆地球上。

不論是昨天得到的，還是明天得到的，終有一天都要放手。

這樣一想，就會明白得到什麼並不是人生。
沒有後悔地盡情活著，才是人生。

我們唯一能帶走的，只有「回憶」。
你想帶走什麼樣的回憶呢？

愈難熬的時候就愈要仰望天空。
愈難熬的時候就愈要笑著。
即使是假笑也無妨。別小看生命的力量。

牢獄其實也挺好的。

——野村望東尼

我是被詛咒的人……

她是被死神眷顧的女人。她的不幸接踵而至，是否有比她更不幸的女人呢？而這位女性的名字就是浦野moto。

一八〇六年，浦野moto出生於福岡的武士之家。父親勝幸是一位風雅的武士，喜愛插花。她繼承父親的風雅氣質，對和歌及文學頗感興趣，自17歲起就在書法家暨和歌詩人二川相近的私塾上學。她不僅儀表端莊優雅，也擅長裁縫和手工藝。

浦野moto在17歲時結婚。她起初對這樁婚事並不熱衷，但由於對方家世極好，所以在父母的殷殷期盼之下，她還是成婚了。出嫁時，父親更安排一位負責打掃及煮飯的陪嫁婢女，但她的丈夫竟與這名婢女有染，浦野moto傷心欲絕，半年後便離婚了。

7年後，24歲的浦野moto再婚，嫁給當時36歲的野村貞貫。二人生了一個女兒，他們一同抱著孩子，共享喜悅。

他們看著女兒玲瓏可愛的小腳，滿心期待這孩子日後的人生。

然而，就在出生第二天早晨，孩子卻沒反應。不論他們怎麼叫，孩子就是不哭，不論怎麼撥弄孩子的臉頰，孩子還是一動也不動。

「你怎麼了!?你醒來好不好？我求求你醒來！」

孩子的身體變得冷冰冰的，已經不在人世了。

難以言喻的悲傷令野村moto撕心裂肺。壓抑的哭泣在不知不覺中變成了啜泣。她多希望這只是夢……然而，一切都是事實。

韶光荏苒，野村moto再次懷孕。

她祈禱這次順利產下健康的孩子。

第二個孩子也是個女孩。但是，就在孩子出生的第二天……這個孩子的身體也變得冷冰冰的。

那時的她27歲。身為丈夫的野村貞貫為了讓妻子走出喪子之痛，建議她專注創作自己原本喜愛的和歌。於是，夫妻倆向福岡的歌人大隈言道拜師學習和歌。

「一夜安眠沈夢中，大野三笠雲霧濃。」
（原文：ただ一夜　わが寝しひまに　大野なる　みかさの山に　霞こめたり）
（白話釋義：在我沉沉入睡的那一夜，大野的三笠山壟罩了濃濃的霧氣。）

這是野村moto創作的和歌，但是她的師父不滿意她的創作，他說：「和歌不是單純地吟詠風月。妳做的這首和歌沒有感情。若不投入感情，只是吟詠風月，那就不能算是真正的和歌。」

野村moto期望自己能夠成為一位直抒胸臆的歌人，但在她拜師學藝的2個月後，她得到當時被認為是不治之症的結核病。她終於要認真走上從小憧憬的和歌之路，卻得到不治之症。她頻頻發燒，臥病在床，連和歌都無法創作。這樣的情況持續了1年。

後來，自17歲開始教她學問的二川相近老師去世，她的婆婆也過世了。她的心情備受打擊，她陷入深深的哀痛之中，甚至無法參加葬禮。

3年後，野村moto已是33歲。

她懷上第3胎，殷切祈禱這一胎順利產下健康的孩子。終於迎來生產的那天，她產下了一名女嬰。然而……

這名呱呱墜地的女嬰一出生沒多久就死了。那一天，moto抱著渾身冰冷的嬰兒，撕心裂肺地痛哭。

小時候，大人們都說野村moto是個「愛打扮的小美人」。然而，如今的她卻是滿眼的悲傷，看到鏡中的自己以後，她也驚訝於自己的蒼老。

時光流逝，野村moto懷上了第4胎。

這次，她依然生下女兒。

而且，同樣在隔天……

女兒的身體變得冷冰冰，生下的4名女嬰全部夭折。野村moto覺得自己被詛咒。她的眼淚已乾涸。我是個被詛咒的人……

為什麼我就無法成為母親呢!?

她的悲痛化為了嘆息，怨恨上天對她的捉弄。

「吾兒一夜為命短，此乃何事之報應。」
（原文：ただ一夜　世にあらむとて　生い出でし　子は何事の　報いなるらむ）
（白話釋義：我的孩子們只能活一夜，這究竟是什麼報應呢？）

不幸仍未中止

野村moto的丈夫野村貞貫一直在陪著她，陪伴著她的悲傷。

他是一位武士，但從不因身分尊卑而差別待人，即使對方的地位較低，他也總是和善相待。野村貞貫有個願望，就是建立一個不論身分尊卑，不管是商人、匠人還是步兵，都可以自由進出的別莊，讓野村moto從家庭主婦的職責中解放出來，專心創作和歌。

由於妻子抱病，野村貞貫也希望她能生活在自然環境優美之地，所以才有這樣的想法。這個願望在妻子40歲後實現了。這座位於靜謐山谷之中的別莊名為平尾山莊，由三坪、一坪半及一坪的單間構成，加起來不到十坪，但對於二人而言已是希望之地。

夫妻倆一同努力建造了庭院。他們從附近的池塘引水，挖了水渠，做了一個小瀑布，命名為「待雨瀑布」。

在平尾山莊的第一個春天，野村moto為丈夫創作這首和歌：

「平尾山莊春初臨，竟覺舊影尤新奇。」

（原文：山ざとに　初めて春を　迎ふれば　まずめづらしと　君を見るかな）

（白話釋義：在平尾山莊的第一個春天，竟覺得早已看慣的你如此新鮮。）

後來，他們就在這裡一起整理庭院，一起吟詠和歌。

然而，受死神眷顧的野村moto並未結束她的不幸。她的病情復發，全身乏力且頻發高燒，連續多日臥病在床。她無法繼續在平尾山莊生活，只能回到野村家居住的主宅院。

野村moto的丈夫野村貞貫也是再婚，長子在他再婚時已夭折，次子17歲，三子13歲，四子11歲。

某天清晨。

moto聽到一陣吵鬧聲，醒來後竟目睹了繼次子的悲壯身影——那孩子切腹自殺，痛苦地掙扎著。他因受人欺凌而鬱鬱寡歡，以致無法工作，令他痛苦不已，最終選擇自殺，從此與家人天人永隔。野村moto被自己的命運震撼了。我到底還要墜入多深的深淵……（後來，她的繼子也就是丈夫元配所生的孩子全部因病過世，都比野村moto還要早不在人世。）

野村moto邁入54歲的那一年。

死神終於來奪走她最重要的人……

他總是笑容滿面，溫文儒雅，一直以來都是野村moto的靠山。在二人尚未相識之前，她第一次參加的和歌會，要從參與的創作者中以不具名的方式選出三首佳作。

moto心想，會不會有人覺得她的和歌很棒呢？

而稱讚她創作的和歌「具有溫暖人心的優雅」的人就是他。他是第一個稱讚她的和歌的人，後來更是一直與她相伴學習和歌，這個人就是她的丈夫野村貞貫。然而，她的丈夫最終因病去世。當時，與妻子一起學習和歌的武士可說是非常少見。

我的人生充滿了生離死別……

我無法再見到一直陪伴著我的他……

我已不想再活下去……

然而，去世的野村貞貫從天國送了一份禮物給妻子。

他的離世使妻子與改變命運的一段話相遇。

丈夫死後，野村moto與野村家的菩提寺、曹洞宗明光寺的元亮巨道禪師結緣，並且了解曹洞宗始祖——道元禪師的教義。

「不要試圖避開無法避免的痛苦，
不要試圖滿足無法滿足的欲望，
具備坦率接受四苦八苦的覺悟，才是最重要的事。
當務之急是要正視現實並且積極生活，
要找到解決方法，而不是逃避現實。」

「能意識到自己活著的，是自己的心，

能了解自己活著的，也是心，懷疑自己活著的，也是心，
要以什麼狀態生活，也是自己的心決定的。」

活著本來就是一件悲哀的事。無論多麼愛，分別的日子必然會來臨。

而且，我們在人生的終點，將失去所有獲得的東西。
在人生的終點要背負著與一切別離的宿命，這就是我們的人生。

但正因為人生如此令人傷感且短暫，每一刻才會如此珍貴。
別想著要避開那些無法避免的悲傷。
要有坦然接受一切的勇氣。
不過，這並不意味著狀況就能決定我們的心。

我們的心是由自己決定的。

野村moto意識到自己一直以來都被現實影響。

無論發生多麼悲傷的事，自己的心都是由我決定的……

道元禪師說：

「心就是山河大地。」

心本身就是大自然，是山河大地。

建造自己的墳墓

野村moto在八月九日接受元亮巨道禪師的引導，剃髮出家。54歲的她出家為尼，名為「望東尼」。

這時，望東尼在丈夫的墓旁建了另一座墓，並在墓碑刻下了自己的名字「望東禪尼」。這表示過去的自己已死，從此將以新生的自己活下去。她便是懷著這樣的決意，在墓碑刻下自己的名字。

或許正是因為有這樣的決心，所以雖然後來還是有人使用她的本名稱她為「moto尼」，而她則更偏好以法名「望東尼」自稱。

這份決心為她帶來了嶄新的現實。

在那個活到50歲已是高壽的時代，望東尼已經54歲。

她回想起曾教導她的二川相近老師說過的話。

「人生最愚蠢的一件事，

就是不去做你自己喜愛的事便結束了你的一生。」

望東尼決定從今以後都要自由地活著。她想做的第一件事就是到京都旅行，遍覽京都御所及神社佛閣。

另外，望東尼還想去拜訪移居大阪的和歌老師大隈言道，希望能讓老師看看她和丈夫一起創作的和歌。她想要製作一本和歌遺稿集，內容是與丈夫野村貞貫的回憶。為此，她必須仰賴老師的指導。於是，望東尼出發前往關西，再次見到4年未見的大隈老師。此次重逢，師徒二人皆淚流滿面，久久無法言語。

似閒雲野鶴

另一方面，幕末（江戶時代末期）的京都開始醞釀起一股變革的能量。「如果這樣下去，日本就會滅亡……」有感於此的年輕志士賭上自己的性命暗中行動。在京都生活一段時間的望東尼也感受到時代的變動。她開始對政治產生興趣，心中萌生了新的想法，認為如今正是改變日本的時刻。

這時，望東尼創作了這首和歌。

「微身埋沒古時塵，日本心種常存焉。」

（原文：数ならぬ　此身は昔に埋もれても　日本心の　種はくたさじ）

（白話釋義：我這一身微不足道，即使身處在這座苔蘚覆蓋的平尾山莊中，我也絕對不會讓大和心的種子腐爛。）

50多歲的望東尼雖然無法像男人一樣奔走全國，她還是開始在思考身為女性的她能為新的時代做些什麼事。

對當時的志士而言，消息傳遞是生死攸關的關鍵。望東尼將自己在京都建立的人脈和消息帶回福岡，並將平尾山莊作為隱匿志士的庇護所。

親生孩子紛紛夭折也許正是望東尼的命運，才能讓她愛護這些把熱情投入到時代變革的志士猶如自己的親生孩子。望東尼的存在就像這些志士的母親一樣，望東尼的和歌也激勵著他們的心。

元治元年（一八六四年）十一月十日前後。在一個明月高掛的夜晚，一名叫谷梅之助的男子被帶到平尾山莊，據說他一路從萩逃亡至此。望東尼收留這名男子，原來他是長州藩（今山口縣）的藩士，為了開創新時代而遭到追殺，才會逃亡至福岡。

「真是年輕的孩子。」

59歲的望東尼覺得谷梅之助看起來就還是個孩子。這也難怪，當時的梅之助才26歲。

「多謝關照。」梅之助低頭說道。從那天起，望東尼開始為梅之助縫製衣物。打從她第一眼看見梅之助，就覺得這個男子不是個泛泛之輩，將來必定是開創新日本不可或缺的關鍵人物。

梅之助雖是從萩逃亡到九州，但他打算在這個地方遊說各藩成為他的盟友。然而，沒有任何一個藩回應他。顯然他是指望不上九州勢力的支援。然而，他在故鄉長州也遭人追殺，更不用說要回到長州……

當時，梅之助非常沮喪。曾與他在這段時間見面的對馬藩家老平田大江在信中寫道：

「一想到他身處於走投無路的境地，我便感到無比悲傷。」

梅之助曾向他的師父問過這樣的問題：

「我該如何活下去？死亡有什麼意義？」

梅之助向師父詢問武士應該如何面對死亡。而他的師父回答道：

「世上有些人的肉體還活著，但是他們的心已死去。反之，有些人的肉體雖然死了，但他們的靈魂還活著。若死後能夠留下永垂不朽之物，那麼無論何時死去都無妨。若你有望成就大業，就一定要活下去。」

活著也好，死去也好，這些都無所謂。最重要的一點，就是做自己該做的事。

然而，賭命行動並不是一件輕而易舉的事。更何況如果父母尚在，還有妻子與剛出生的孩子，那就更不容易了。1個月前，梅之助的妻子才剛生下一名男孩，取名梅之進。梅花是象徵著新年到來的花朵。這個名字寄託了他們希望春天能早日來臨的心願。

茅草屋頂的平尾山莊。周圍沒有居民，前方是一片田野，靜靜座落巨大的松樹間。窗外有棵梅樹，遠方則是灶門山和若杉山。

梅之助頂著冬季的冷冽空氣，走到了庭院中。

空氣中只迴響著「待雨瀑布」的潺潺水聲，這是從前由望東尼與丈夫野村貞貫一起建造的瀑布。

梅之助十分焦慮，他完全陷入僵局。

我到底想怎樣活下去……

我真正想要的是什麼……

本在庭院的望東尼注意到梅之助，她輕笑著吟出這首和歌。

「梅隱雪中難見影，馨香猶在不曾散。」

（原文：冬ふかき　雪のうちなる　梅の花　埋もれながらも　香やは隠るる）

（白話釋義：被掩埋在雪中的梅花雖未現蹤影，但香氣不會消散。）

你散發的梅香，無論怎麼隱藏都無法完全掩蓋。你不是那種會一直逃避的男人。望東尼把梅之助比喻成梅花，吟詠這首和歌。

門口的柳樹在風中搖曳。

十一月二十一日。

「我要離開這裡。」

梅之助決定踏上旅途。出發的早晨，望東尼將自己縫製的衣服親手交給梅之助。衣服裡夾著一張短箋，上面寫著這首和歌：

「此乃真心為君縫，君為國歸穿此裳。」

（原文：まごころを　つくしのきぬは　国のため　たちかえるべき　衣手にせよ）

（白話釋義：這是我在九州真心縫製的衣服，希望你為你的領國而踏上歸途時，能穿上這件衣服。）

梅之助則以漢詩回應：

自愧知君容我狂（自愧吾之狂行，君尚能容我）
山莊留我更多情（留我於此山莊，情愈深厚）
浮沉十年杞憂志（浮沉十年，杞憂之志）
不若閑雲野鶴清（不若閒雲野鶴逍遙清閒）

「您包容我這個有如瘋狂一般渴望創造新時代的人，讓我深感您心胸之廣大。在這10年的沉浮之中，我曾為種種事情煩惱不已。然而，你卻如同靜靜流動的雲、如同在原野中嬉戲的鶴，心境清澈而超然，這真是多麼美妙的一件事。」

在梅之助眼前的，是克服了無數悲傷的望東尼。在她的眼中，梅之助看到了空中流動的雲，以及在原野中嬉戲的鶴。

是啊！沒錯！

人終有一死。

百年以後，所有人都將死去。既然人終有一死，壓抑著這份洶湧情感的人生又有什麼意義呢？不能獲得其他藩的支援也無所謂。現在正是不容妥協的關鍵時刻。是時候是做自己該做的事情了。

從平尾山莊回到長州的梅之助寫了一封信給望東尼：

「我冒著性命危險在行動，
或許今生再也無法見面，來世再向您致謝。」

野村望東尼60歲入獄

野村望東尼在掩護梅之助的翌年，便獲庇護志士的罪名，高齡60歲的她被流放到玄界灘的姬島。在與家人告別之際，她吟詠這首和歌：

「雖不能歸返故土，正道終將自有期。請君勿為我憂傷，我亦無需悲自傷。」

（原文：帰らでも　正しき道の　末なれば　誰も嘆くな　我も嘆かじ）

（白話釋義：雖然可能再也回不了家，但這是我忠於本心的證明，請不要為我哀傷。我也不會哀傷。）

野村望東尼被流放到姬島後，島上的人都好奇地聚集來看這位罪犯。牢房面朝大海，裡面沒有榻榻米，只有鋪著草蓆的木地板。狹小的牢房裡到處都佈滿了蜘蛛網，木格子窗戶沒有貼上窗紙，外頭冷冽的寒風就這樣吹進牢房。

從今以後，我就要在這裡生活了……

牢門鎖上了。時值十一月，即將迎來嚴寒。

「他人所遣入牢房，牢外紫花自盛開。」

（原文：人遣は　すべなきものを　おのれから　ここにすみれの　花咲きにけり）

（白話釋義：我是在他人命令下才會進入牢房。而牢房前石牆間的紫羅蘭是出於自己的意志在這裡盛開吧。）

野村望東尼決定在牢房內做她能做的事。

也就是不試圖去逃避無法避免的悲傷。

心中要有接受一切的決心。但是，情況不會決定心的方向。

我的心由我自己決定。

過了20天左右，望東尼將這首和歌刻在牢房的柱子上。

「後居此獄之人也，難忍惟初二十日。」
（原文：またここに　住みなむ人よ　堪えがたく　うしと思うは　二十日ばかりぞ）
（白話釋義：下一個住進這間牢房的人啊，覺得難以忍受的只有最初的20天而已。）

野村望東尼在高齡60歲時落入最糟糕的環境中。然而，她在牢房中享受著黃鶯的鳴叫聲，像朋友一樣與吵鬧的老鼠交談，並且為那些被處決的同志抄寫《般若心經》，以及書寫日記、吟詠和歌，甚至開始整理之前寫的和歌。

就這樣，她的牢獄生活變得忙碌起來。同時，她也湧現出活著的力量，她寫道：

「這樣的牢獄生活也不差。」

（此時寫的日記後來在明治二年出版）

10個月後，時間來到九月十六日。

下午3點左右，當時望東尼正在寫作，突然聽到嘎吱嘎吱作響的聲音。原來是牢房的門鎖遭人破壞，3名男子闖了進來。

做什麼!?望東尼被這幾名男子脅持，並且被帶到海邊。

同時，島上的官府來了兩名男子，聲稱：「朝廷下令赦免望東尼，我們來接她。」但這兩名男子被懷疑是可疑人物，於是和差役發生了爭執。

就在這時，外頭響起了槍聲。

槍響後，那兩人便迅速逃離現場，彷彿就在等待這一刻。這時，官府的差役才發現野村望東尼已經不在牢房，急忙趕往海邊。2名從官府逃跑的可疑男子、從牢房帶走望野村東尼的3名男子，還有看守小船的1名男子。6人加上野村望東尼共7人皆已搭上小船，正準備離去。

看到野村望東尼遭人劫獄而慌亂手腳的差役將大砲對準小船，然後開了2炮。

轟！轟！

不過，砲彈並未擊中那艘船。「搭船！搭船去追！」差役派出了追捕望東尼的船隻，然而那艘劫囚的小船已藉著玄界灘的順風消失在夕陽之中。

劫獄成功。此次劫救望東尼的行動由6名救援成員執行，福岡藩從未發生過劫獄行動，這是前所未有的劫囚情況。

而下令執行這次行動的人……

正是谷梅之助，那名曾在平尾山莊匿藏10天的男子。

野村望東尼與谷梅之助迎來了命運的重逢。

沒有不會天亮的夜晚

野村望東尼。

4名孩子一出生就去世了。

她珍愛的人也一個接一個地去世，讓她更受打擊。

她患上不治之症，走在絕望的邊緣。

我的人生是否會永遠是冬天呢……

然而，她終於在黑暗中找到了光亮。
光亮，其實就在最靠近自己的地方。
光亮，始終與我同在。
光亮，就是我的心。

這是走在悲傷深處的野村望東尼在人生的最後創作的和歌：
「寒冬忍花終盛開，春來大地景更新。」
（原文：冬ごもり　こらへこらへて　一時に　花咲きみてる　春は来るらし）
（白話釋義：經歷了冬眠，一直忍耐著的花朵一齊綻放，春天終於到來了。）

慶應三年（一八六七年），望東尼捨命救下的那些男子創造了新的時代，德川幕府終於落幕。1個月後的十一月六日，野村望東尼留下和歌〈春天來了〉，當時62歲的她壽終正寢。

由野村望東尼的和歌師父大隈言道寫序的望東尼和歌集《向陵集》也在她臨終前完

成，收錄她30多年以來創作的1849首和歌。如今，野村望東尼仍是備受推崇的和歌詩人。

將每一段哀傷都化作和歌之花，讓花朵在此地綻放。以和歌形式萌芽的花朵，如今依然在大地上盛開。

沒有不會天亮的夜晚。春天必然會來。

不是情況決定你的心。
不是現實決定你的心。
是你決定自己的心。

任何時候都別說出
「痛苦」兩個字。

——高杉晉作

挺身而出的短髮武士

曾有一句廣告的台詞這麼說：

「只有那些認為自己可以改變世界的瘋子，才能真正改變世界。」

沒錯，人類的歷史就是由一些瘋狂的人把不可能變成可能的歷史。

當所有人都認為人類不可能飛翔時，一對修理自行車的兄弟對此存疑，他們覺得：「不，人類可以飛。」他們就是萊特兄弟。正因為有他們的存在，現在的我們才能抬頭就看到飛機在天上飛。

「只要瘋狂堅持一件事，終有一天會找到答案。」

這句話出自木村秋則，他花了10年的時間執著地研究，成功實現了眾人都認為不可能的無農藥蘋果栽培。

當你瘋狂堅持於一件事時，不可能的門就會敞開。

在日本的歷史上，有一個男人瘋狂地堅持創造出新時代。

他就是高杉晉作。

當時是幕末（江戶時代末期）。

大航海時代來臨，歐美列強透過侵略擴展海外殖民地，亞洲各國接連成為歐美列強的殖民地。就連鄰近日本的亞洲大國——中國（清朝）也被英國打得落花流水，清朝人被西洋人像奴隸一樣地對待。

在這樣的時代裡，美國的黑船終於來到了實施鎖國政策已久的日本，英國和法國也爭先恐後地前往日本。德川幕府手足無措，再這麼下去，日本恐怕也要淪為殖民地……必須終結舊的體制，現在正是重新建設日本的時候。

那麼，要做什麼？

這時，挺身而出的人正是高杉晉作，他是個剃掉傳統髮髻，頂著一頭短髮的武士。據說高杉晉作身高約156公分。雖說當時的平均身高不比現在，他還是對自己的身高感到自卑，所以拍照時總是坐在椅子上。然而，這個高杉晉作站了起來……

我希望看到不一樣的明天

元治元年（一八六四年）。

在高杉晉作所屬的長州藩（山口縣）中，推動新時代的革命派（正義黨）的勢力雖開始興起，但自從革命派在京都的蛤御門之變敗給幕府聯合軍以後，長州藩的態度大變，轉向「不與德川幕府對抗」的保守派（俗論黨）的方針。而且，在幕府的壓力下，革命派的7名重要人物皆被處決。若再不行動，長州藩的革命勢力將被徹底剷除。高杉晉作堅信現在正是捨命一搏的時候。

「日本再這樣下去必定會滅亡，現在是站起來的時候。」高杉晉作向他的夥伴高聲疾呼，卻沒有任何一個人回應他。甚至連他在長州藩內組建的軍隊——奇兵隊的後輩也拒絕參加，高杉晉作孤立無援。

現在不行動，一切都會結束。長州藩若停止，日本也將停止。

為什麼沒有人明白這點！

高杉晉作的夥伴其實都明白他的心情，但是他們的對手——長州藩的保守派就有2000人，背後還有幕府軍的15萬人。他們根本就不可能去打一場如此危險的仗。

「太冒險了！不可能！」其他人都反對高杉晉作的行動。但是他的決心絲毫不受動搖。他說，現在不是談論「做不做得到」的時候，現在就是必須這麼做。

「現在正是朝著萩前進的時刻，只要我們行一里路，我們就盡一里的忠，只要我們行二里路，那就是赴了二里的義。」

「願意與我一起捨命的人，就在十二月十五日前往功山寺集合。如果大家不願站出來，那麼也沒辦法。就算只有我一個人，我要也要去做！」

高杉晉作決定，即使只有他一個人，他也要行動。然後，他也決定了獨自起義的日期和地點。

日期是十二月十五日，地點是曹洞宗的寺院——功山寺。

在起義那天到來之前，高杉晉作寫了一封可稱為遺言的信。

「如果我死了，就找人在我墓前演奏三味線，大肆狂歡。」

高杉晉作總是隨身攜帶一把可折成12節的小型三味線。他用這把三味線即興創作歌曲，在夥伴面前哼唱著這首都都逸定型詩。

「如有真心，今月今宵即來，待到正月，為時已晚。」

想看到與今天不同的明天。擁有這樣心意的人，正是現在該站起來的時刻。等到過了新年，看到前景以後才想加入的話，那時就已經太遲了。

終於到了決定命運的那一天，十二月十五日。

雖說高杉晉作已下定決心，就算只有他自己也要起義，但眼前的敵人有2000人，不是單打獨鬥就能解決。在這種情形下，無論多少人來助陣都只是白白送命。想來肯定沒有人會趕往功山寺。

然而，高杉晉作穿上他這一生中最好看的服裝，身上是深藍絲線縫的護腹鎧甲，頭上戴著桃形頭盔，靜靜地在功山寺等待。

這天，一大早就下起了雪。這裡鮮少下這麼大一場的雪，不過到了晚上，雪已經停了。地上的積雪約有10公分厚，當天夜裡的月光穿過了雲層，照亮這片被白雪覆蓋的銀白世界。

沙—沙—沙—

功山寺積雪的石階傳來一陣腳步聲。現身的人是伊藤俊輔。

他帶著30人左右的力士隊來了。伊藤俊輔被高杉晉作的決心打動，決定跟著這個人豁出性命，於是率先來到功山寺。

出身於貧困農家的伊藤俊輔，即是後來成為日本首任總理大臣的伊藤博文。

那天，一共有84人聚集在功山寺。

最先趕到的力士隊是一支以相撲力士為主的軍隊（奇兵隊的支隊）。他們在相撲場上或許能勝利，但他們的戰力會如何在戰場上發揮呢……其餘的人則是農民、商販、獵人、來自其他藩的浪人等等，共84人。

84人對抗2000人

而且，敵軍的背後還有15萬幕府軍。

實際上是84人對15萬2000人。

這實在是有勇無謀的行動。

這樣還是要行動嗎？

這樣真的還是要行動嗎？

即便如此，還是要行動！

現在若不阻止這個潮流，幕府的天下就不會改變。現在就是應該捨命的時刻，正是要瘋狂的時刻。高杉晉作在功山寺高喊：

「此刻，就讓他們看看長州男兒的實力。」

高杉晉作飛身上馬。

此時，比他年長10歲以上的奇兵隊副軍監福田俠平就坐在前方路上，欲阻擋高杉晉作的去路。據說他喊：

「你若執意要去，那就踢死我！」

這時猶如自殺一般的行動。年長的福田試圖阻止有勇無謀的高杉晉作。

然而，高杉晉作早已下定決心，縱馬飛越福田的頭頂，頂著映在白雪的夜光出征。

全員共84人，還帶著一座小小的大砲。

走，前進下關。

奇蹟出現了！

凌晨4點，高杉晉作率領以相撲力士為主力的起義軍突襲了下關的奉行所，目的是為了壓制住這個控制物資和人員流動的樞紐。

豁出性命的84名反叛軍視死如歸，敵方遭受偷襲，高杉晉作等人竟成功地無血佔領。

在這場看似有勇無謀的戰鬥背後，其實有著高杉晉作的精心計算。

高杉晉作知道奉行所的總奉行——根來上總並不支持藩政府的方針。所以，高杉晉作猜測他們不會做太大反抗，而結果也正如他所料。

高杉晉作發兵起義，奪下了下關的奉行所！

這個消息震驚了萩的藩政府。

高杉晉作隨即向各地發送信件，鼓勵民眾起義，呼籲所有人共同戰鬥。

隨後，高杉晉作又急忙地前往港口所在的三田尻。

「晉作，你這次要在港口做什麼？」
「我要搶走敵人的軍艦，有誰願意跟我一起去？」
「你打算赤手空拳地搶下軍艦嗎？」
「是的，一把扇子就足夠了。」
「……」

高杉晉作帶著一把折疊三味線和一把扇子，隨意的穿著就像是要出遊一樣，實則豁出了性命。這就是革命家高杉晉作的風格。

隨高杉晉作前去搶奪軍艦的18個人選決定好了。

「我們出發去搶軍艦了，俊輔，你在這段期間就盡量籌集資金。」

聽到高杉晉作的發言，伊藤俊輔的內心也許很想吐槽他。

「你跟我說帶18個人就要去搶軍艦，哪有可能啊！」

高杉晉作帶著18個人潛入了軍艦停靠的三田尻海軍局，他們划著小船靠近軍艦，然後拔刀登上。有些水兵被他們的偷襲嚇得跳海，有些水兵則取起槍枝，將槍口對準高杉晉作。高杉晉作說：

「繼續這樣，海軍就會被那些完全服從於幕府的保守派所控制，你們真的甘心嗎？你們是為了什麼而活？要不要跟我們一起把未來押注在新的時代呢？我們已經控制了馬關（下關），要是你們不同意的話也無妨。要開戰的話，我們求之不得。你們自己決定吧！如何？決定好了嗎？」

敵軍被高杉晉作的氣勢震懾住了。

就這樣，軍艦「癸亥丸」出現在關門海峽，不久，「庚申丸」和「丙辰丸」也出現了。船上的人毫無疑問的就是留著短髮的高杉晉作。伊藤俊輔大驚，高杉晉作真的帶著18個人搶走了軍艦。

這怎麼可能啊！

高杉晉作成功地在三田尻的海軍局搶走了長州藩所有的洋式軍艦。後來，伊藤俊輔這樣評論當時的高杉晉作：「動如雷電，發如風雨。」

高杉晉作搶走了軍艦！

這個消息再次衝擊了藩政府。更有傳言高杉晉作將會搭著軍艦從萩的海域出發，繞過關門海峽進攻，藩政府因而驚慌不已。此時，街道上回響著炮擊聲。轟隆隆！轟隆隆！高杉晉作一行人搶來的軍艦出現在菊濱的海域，傳出陣陣炮擊聲。

全部都是空砲，但是威嚇敵軍的效果十足。萩的地勢三面背山，所以空氣中回響著不絕的砲擊聲。奪取軍艦的行動讓敵方明白即使人數不多也能給帶來巨大的衝擊。這也是高杉晉作早就預料到的事。高杉晉作並不是盲目地搏命冒險。

藩政府雖然禁止農民援助高杉晉作等反叛軍，但仍有農民想著：「如果是高杉晉作的話，或許真的能創造出一個新的時代。」而送了大量的糧食給反叛軍，商人和農民紛紛開始幫助高杉晉作，志同道合的人愈來愈多，終於從一開始的84人增加到將近２０００人。經過長達10天的激戰，高杉晉作等人趁勢追擊，成功發動了藩內的政變。自此，長州藩終於確定了創造新時代的立場及態度，並開始尋求從德川幕府獨立。敢於與德川幕府正面對抗的藩國終於在日本誕生了。

向長州藩伸出援手的人，正是坂本龍馬。

坂本龍馬促成長州藩與早已推動現代化的薩摩藩的聯手（薩長同盟），時代的潮流自此迅速改變。隨後，幕府軍大舉進攻長州藩，然而由高杉晉作率領的長州藩成功擊退這波攻勢。至此，明治維新的齒輪開始轉動，再也沒有人能夠阻擋這股潮流。

曾是枷鎖縛身的男人，高杉晉作

高杉晉作，一個將奇蹟從不尋常變成尋常的男人。然而，他並不是從小就這麼勇敢地遵從自己的本心恣意地活著。在他寫給久坂玄瑞的信中，傾訴了這樣的煩惱。

「我有一位父親，他不分日夜地強加知識於我。但因為他是父親，所以我無能為力。祖父也是時常告誡我『不要做大逆不道的事』，因此我也只能偷偷地去松下村塾上課。

我不想違逆父母，但只要一想到天下，我便心焦如焚，坐立不安，心中十分煎熬。而我只會空談卻無法付諸實行，這樣的自己令我感到非常羞愧。」

高杉晉作瞞著父母親，在師父吉田松陰任教的松下村塾偷偷上課。高杉家是世代侍奉毛利家的名門，父親及祖父皆任藩中的重要官職，位至高官，因此出生在高杉家的他本來就是一個人生已被安排好的男人。而對於這樣的高杉晉作來說，創造一個新的時代，也就意味著他要拋棄原本被安排好的未來，背叛他的家族。

正因如此，他比任何人更加痛苦及矛盾。他也曾為自己只會紙上談兵卻不付諸任何實際行動而感到羞愧。是的，哪怕是高杉晉作，也不是一開始就能隨心所欲地生活的。

讓枯燥乏味的世界變有趣

高杉晉作在功山寺成功起兵，推翻藩國，擊退幕府軍。

翌年（一八六七年）四月十三日。

高杉晉作虛歲29歲（實27歲8個月）。成為時代關鍵人物的他罹患結核病，臥病在床，餘生進入倒數計時。傳奇來得太早……他開始吐血，連米粥也嚥不下去。看在任何人眼中，都明白他的死期將近。而不離不棄照顧他的人，就是野村望東尼。

野村望東尼和高杉晉作的相遇……沒錯，就在那個平尾山莊。

有個年輕人曾化名「谷梅之助」逃亡至福岡的平尾山莊。那個年輕人，正是高杉晉作。

遭人追殺的高杉晉作逃亡到平尾山莊時，遇見了野村望東尼。在野村望東尼將他藏匿於平尾山莊的那10天，高杉晉作終於堅定了自己的決心，他決定返回長州，1個月後在功山寺起兵。「即使只有我孤身一人，我也要去做！」

野村望東尼小小的身軀承受著難以承載的悲傷，她的眼中有著能包容一切的深邃溫柔。高杉晉作在她的眼中感受到在天空漂浮的雲，以及在原野中嬉戲的鶴，因此堅定了自己的決心。

沒錯，所謂人生，不過就是一場遊戲。

玩得好不好並不重要。

選擇有趣的來玩，才叫做遊戲。

與心境超然的野村望東尼相遇後，高杉晉作內心最後的恐懼融化在玩心之中。

高杉晉作稱野村望東尼為「生命的母親」，致上最深的謝意。他從獄中救出野村望東尼之後，也為她安排好衣食無缺的生活。

根據在高杉晉作身邊照顧他到最後的宇野回憶：

「晉作將60歲多歲的望東尼當成母親一般依賴，當望東尼臥病在床時，她就躺在三樓的床上，晉作則躺在一樓的床上。他們臥病在床還是要交換詩歌，所以我只能不停地上下樓幫忙他們跑腿，累慘我了。」

可見野村望東尼對於高杉晉作的內心有多大的影響。

據說這句話是高杉晉作辭世之句。

「讓枯燥乏味的世界變得有趣……」

這句是高杉晉作對野村望東尼提出的問題，意為「如果是你，你會如何在這個平淡無趣的世界活得有趣」。野村望東尼則以這句「讓人生變得有趣的是心境」回應。

一問一答便形成上下對句。

「讓枯燥乏味的世界變得有趣的，是你的心境。」

能不能活得有趣，不是由現實決定的，而是由你的心決定的。

所有的一切都取決於心。

這才是真正的自由和希望。

不要從現狀去思考，要思考自己真正想要的是什麼、自己想成為什麼樣的人？想要怎麼活著？然後由此反推，去決定如何活。

現實並不會塑造自己，而是決心（心）塑造自己。
正因如此，我們只需問自己想為了什麼而活。

問問自己，想成為對誰而言的什麼樣的存在。

高杉晉作想推翻延續了260多年的德川幕府，創造新的時代。他希望將整個長州藩變成創造新時代的突破口。

當時的日本實施鎖國政策。然而，高杉晉作描繪出以長州獨立國為目標的夢想「長州大割據」，他計劃讓長州藩的下關開港，與世界進行貿易，脫離幕府的控制。他全心投入，瘋狂地追逐。

當一個目的讓你全心全意地投入時，就會像《舊約聖經》中的摩西為了到達應許之地——迦南而將紅海分成兩半的那樣，道路便會突然在你的眼前顯現。

自從遇見野村望東尼，高杉晉作有如神助一般，奇蹟如同家常便飯地頻繁發生，他要做的所有事都順利進行。

一個人的決心，讓一個人變成了84個人，84個人又變成了2000人，最終擊敗了擁有15萬大軍的幕府軍。這個時代正是從一個人的決心開始轉動。奇蹟正是源於決心。

天亮的春風

二〇一三年四月六日，春天。

大雨中，我沿著高杉晉作的起義路線，開著車從野村望東尼的平尾山莊前往功山寺。

功山寺有一棵450年的羅漢松，我問它：

「你見過那天的高杉晉作嗎？他是什麼樣的人？」羅漢松似乎回答我：

「嗯，晉作就像個小孩一樣。他真的盡情地享受人生，在他眼中，人生不過是一場遊戲。」

春風中，樹葉搖曳著。

據說，高杉晉作的葬禮不論武士、農民還是商賈都來參加，長州藩有史以來第一次有3000人同聚一堂。

高杉晉作去世恰好六個月後的十月十四日，

第15代將軍德川慶喜向朝廷大政奉還，持續260年的德川幕府就此結束。

新的日本開始了。

高杉晉作，「晉作」二字是他的通稱，他的本名是「春風」。

高杉春風，正如其名，為時代帶來了春天的風。

野村望東尼，終於成為了母親。

成為新日本的母親。

這就是日本黎明的故事。

而今，時代再次面臨瓶頸，迫切需要新的革命。

這一次，正是我們展示「實力」的時候。

「接下來，我會展現我的實力給你們看看。」

究極的自我會決定自己的存在。
決定自己成為對誰而言是怎樣的存在。
那份決心正是創造新現實的力量。

第4章

告訴我們「成功之路必有同行者」的名人格言

人或許就是要了解到

「自己有多麼無趣」

以後，才會感到輕鬆吧。

——塔摩利

忍不住偷看了酒店的包廂

看到在玩耍的幼稚園兒童之後，他說：

「我不要去幼兒園！」

他拒絕上幼兒園。這個有主見的孩子，就是小時候的塔摩利。

一直到進入小學之前，拒絕上幼兒園的塔摩利每天都站在坡道上觀察人群。升上國中以後的那4年，他也經常去附近的教堂。據說，他是以看待藝人的方式來觀察牧師。此外，他在重考大學的那段期間，還經常躲在壁櫥裡收聽韓國和中國的廣播。

塔摩利考上早稻田大學，休學後在家鄉九州當保險業務員，幾年之後便辭職。後來，他做過咖啡廳服務員、保全、裸體模特兒，甚至還做過類似弄蛇人的工作。在進入演藝圈之前，他做了各式各樣的工作。不過，他也在思考，自己真的要這樣下去嗎……

「30歲之前是無所謂，但過了30歲之後，就必須做點正經事才行。那麼，我適合做什麼呢？」

那段期間，他一直這樣問自己，然而轉機來得出乎意料。

有一次，塔摩利跟朋友約在酒店喝酒，臨走前在走廊上聽到某個包廂傳來熱鬧聲。

「有什麼好玩的事!?」包廂的門沒上鎖，他忍不住打開門偷看，結果……

他竟然看到裡面有一群人頭戴垃圾桶扮成「虛無僧」，模仿著歌舞伎在跳舞狂歡。

看到這一幕，塔摩利想：

「他們跟我的感覺一樣，他們在呼喚我！」

接著，他竟然就直接走進房間走向正在模仿虛無僧的人，然後拿走對方頭上的垃圾桶，開始模仿起歌舞伎，跟著他們一起跳舞。

其中一人開玩笑似地以不像樣的中文斥罵擅入的塔摩利，而塔摩利則以流利數倍但同樣不像樣的中文回應，雙方瞬間一拍即合。這個包廂其實是爵士鋼琴家山下洋輔及樂隊成員聚會的包廂。

山下洋輔也被這滑稽的場面逗得哈哈大笑。

身為上班族的塔摩利看了手錶，發現早已凌晨3點。「哎呀！我明天還得上班！」他起身就要離開，山下洋輔叫住他，問：

「哎！你沒跟我們說你是誰欸？」

塔摩利回答：

「我姓森田。」

然後，他就離開了（笑）。

「原來博多有這麼有趣的人！好想再跟那傢伙一起玩！」在場的人決定找出這個有趣的「森田」。而他們的線索只有「這個人就在博多，名叫森田，還喜歡爵士樂」。

於是，他們到博多最著名的爵士咖啡館打聽，發現確實有一名叫做森田的常客。後來，他們透過店家聯繫到塔摩利。於是，山下等人懷著「一定要讓這個有趣的森田出道！」的雄心壯志，組成「傳奇九州男・森田的召喚會」，並且開始籌錢，3年後讓塔摩利前進東京。

「愚蠢的事也要認真去做。」

後來，有個人讓來到東京的塔摩利住進家裡，堅持「不能讓這個男人回博多」還主動幫助他出道。他就是漫畫家赤塚不二夫。

據說，他們每天晚上都喝著酒想搞笑橋段。

塔摩利曾裸身模仿蜥蜴從夜總會的噴泉中登場、在酒吧跟別人真的打起架來，實際上都是他們設計好的搞笑橋段。

「愚蠢的事也要認真去做。」

這是赤塚不二夫教給塔摩利的事。

赤塚不二夫讓塔摩利住進自己的高級公寓，自己則窩在工作室，把打橫平放的櫃子當成床來睡。

塔摩利回憶說道：「我發現時真的非常感動，但我覺得這麼感動又不符合蹭吃蹭住的人應該有的人設，所以我便忍住了感動。」

赤塚不二夫去世時，塔摩利為他朗讀了8分鐘的悼詞。

不過，那張悼詞稿其實只是一張空白紙。

就算到了這個地步，塔摩利還是堅持遵照赤塚不二夫教他的「愚蠢的事也要認真去做」。塔摩利在這段悼詞的最後說：

「我也是你眾多作品的其中之一。」

人生的門「怎麼會在這種地方出現？」

為何塔摩利當初能在那個酒吧包廂即興表演呢？

塔摩利不去幼兒園，經常在馬路邊觀察來來去去的行人。就連去教堂也是將牧師當成諧星來觀察。所以，他知道什麼樣的動作、語調及言詞可以打動人心。而且，他在重考大學的那段期間還一直躲在壁櫥裡收聽外語廣播，所以甚至能即興說出不怎麼像樣的中文。

那些看似無意義的事，反而成為了他的一部分。

無意義的行為是最純粹的動機。做自己真正喜歡的事情，並不需要理由，只要做就對了。然而，在我們的人生中，這些看似無用的事物並不是真的都沒有用。所以，就算是沒有意義的事，就算是愚蠢的事，都要認真去做。

只要認真去做，就能開啟命運之門。

請記住，人生的機會總是會出現在令人意想不到的地方。
就像塔摩利推開酒店包廂的門，開啟了自己的人生，「人生的門」有時就是會出現在那些讓人百思不得其解的地方。

重要的事情，
總是從不重要的地方來。
今後發生的那些看似無關緊要之事，
也許就會成為你的命運之門。

你用心做出來的東西
都會被用心對待。

——黑澤明

5秒的場景竟拍了7小時！

「導演，您還記得我嗎？」

演員仲代達矢被黑澤明導演選中，擔任電影《大鏢客》的重要配角時，他曾這樣問黑澤明導演。

黑澤明導演回答：「就是記得才會用你啊。」

其實仲代達矢先生曾在7年前參與演出黑澤明導演執導的《七武士》，但他出場的時間只有短短5秒，所以才會問導演是否記得他。

不過，黑澤明導演正是從那一幕看出仲代達矢先生的才華。

順帶一提，仲代達矢先生只出現5秒場景……

竟然是一個沒有台詞的路人！

但是，黑澤導演清楚地記得仲代達矢先生。

為什麼呢？

因為那短短5秒的鏡頭竟耗費長達7小時的時間在拍攝。

這就是黑澤明導演。

即使拍攝只是短短5秒的場景，也會投入畢生的心力。

電影膠卷每秒有24格畫面，假如是2小時的電影，那就是由120分鐘×60秒×24格共計17萬2800張圖片構成。

黑澤明的電影從這17萬2800格中抽取任何一格，都能成為一幅精美的「照片」。

對每一格畫面都極其講究的巨匠黑澤明被譽為「世界級的黑澤導演」，不過他的人生並不是一開始就一帆風順。

三個圓圈改變少年黑澤的人生

讀小學時，他每天都被人欺負到哭出來。

小時候的黑澤明比別人瘦弱，膽子又小，根本就不敢回罵那些人，只能含淚忍受。

在3年級的一堂繪畫課上，大家都畫了自己喜歡的圖畫。

不過，黑澤明的畫作因為使用了各種顏色的顏料，結果同學就嘲笑他：「你的畫好奇怪！」黑澤明聽了以後非常沮喪。

但是，老師對他說：「你這幅畫非常好喔。你畫得真好。」並在黑澤明的畫作上畫了三個大圓圈。這是他進入小學以來最開心的一件事。

從那天起，黑澤明一有空就畫畫，慢慢地建立起自信心。他也夢想自己有朝一日成為畫家。這個夢想後來轉變為電影製作，但他的初心未變。

要把好的畫作拍成好電影。

這就是黑澤明的原點。

遭到解雇，自殺未遂以後……

然而，黑澤明太過講究「好畫」，所以每部電影的成本都非常高。例如：《羅生門》中一扇約20公尺高的大門就使用了4000片屋瓦。

在某個場景中，因為道具老虎看起來眼睛無神，所以他就叫工作人員去抓一隻野生老虎；在某個戰爭場景中，他還麻醉了130匹真馬，以表現出人與馬的屍體堆積如山的畫面（這有點誇張了）。

即使是看不見的衣櫃內部，他也要求做到最逼真，毫不妥協。

因為這樣，所以黑澤明執導的電影也發生過經費過高而無法順利拍攝的情況。

製片成本過高的黑澤明遭電影公司解雇。他自立門戶以後的第一個作品原本要與美國電影公司合作，後來卻因意見不合而中止製作。

隔年，原本有機會再次進軍美國，卻又因意見衝突而延期。

後來，黑澤明因過度勞累而病倒，完全失去合作的機會。

此時，日本電影也陷入不景氣，無法順利拍片的黑澤明導演萬念俱灰，61歲時在家中割腕自殺未遂……

然而，就在他面對死亡時，他回想起自己的初衷。

我還是喜歡電影……

我還是想拍電影……

我還是想把好的畫作拍成好電影……

找回初衷的的黑澤明導演從此復活。

科波拉與盧卡斯是黑澤的弟子

黑澤明與蘇聯合作，以電影《德蘇烏扎拉》復出日本電影界。

之後，他創作以戰國時代為背景的電影《影武者》的劇本。

拍攝預算竟高達12億日元！

在日本電影界不景氣的情況下，根本無法籌不出這筆錢……

「我無論如何都要拍這部電影。」黑澤明絲毫不改他的決心。

他花了100天，以水彩畫的形式畫出200張電影分鏡圖（以圖畫方式說明電影內容）。

有兩名美國人看到這200張氣勢十足的分鏡圖以後，站出來表示：「黑澤明不能拍電影也太荒唐可笑了。」

他們正是自稱是「黑澤明的弟子」的法蘭西斯・科波拉導演，以及喬治・盧卡斯導演（據說科波拉導演的《現代啟示錄》受到黑澤明導演《七武士》的影響，盧卡斯導演的

《星際大戰》則受到《戰國英豪》的啟發）。

兩位導演擔任《影武者》外國版的製片人，並向二十世紀福斯影業談判，爭取到50萬美元的資金。最後，《影武者》終於得以順利開拍。

黑澤明導演這麼說：

「即使都這樣了，還是不要放棄，要努力地向前邁進；即使這樣了，還是要再堅持一下。當你覺得已經不行了時，還是要勇敢地再踏出一步。這樣一來，一定就會突破困境。」

《影武者》終於完成，後來在坎城影展獲得金棕櫚獎，日本票房收入超過27億日元，創下日本電影的新紀錄。

「要找到真正重要的東西」

在面對電影無法開拍的狀況下，黑澤明導演還是默默畫出200張可能無用武之地的分鏡圖，這才打動了科波拉和盧卡斯，讓他得以創造日本新紀錄。這份行動充分體現出黑澤明導演的信念。

人在面對死亡時，通常不會後悔自己做過的事，反而會後悔有些事情沒去做。

所以，想做的事一定要去做。

一定要堅決地去做。

黑澤明導演在面對死亡時，發自內心意識到：「我還是好喜歡電影！」正因為如此，他竭盡全力去做。

黑澤明導演的最後一部作品《一代鮮師》裡有一句台詞：

「請找到你真正喜愛的事物，
以及對你而言真正重要的事物。
找到以後，請為了那些重要的事物努力。」

神存在於細節之中。
因此，要將愛灌注在那些看不見的地方。
如此一來，看得見的地方就會開始閃耀。

我認為每個人挑戰新的事物
都算是一種冒險。

——植村直己

怕老婆的英雄

他是挑戰人類極限的冒險家——植村直己。

他曾獲得英國頒給世界上最勇敢運動員的「運動勇氣獎」。

29歲時，更成為第一個征服全球五大陸最高峰的人。

不過，就我認為，植村直己挑戰過的最大冒險，應該是他高中時期發生的事。

在植村直己讀高中時，他曾把學校池塘裡的錦鯉撈起來帶回教室，然後直接用教室的火爐把魚烤來吃！

這還不是最誇張的事——池塘裡的6隻錦鯉全都被他烤了！

除了植村直己，我真的沒看過膽子這麼大的冒險家。

而且，儘管他經常搞出這些驚人的惡作劇，老師們還是很喜歡他，覺得他是個「讓人討厭不起來」的學生，這就是令人敬畏又受人喜愛的植村直己。其實，他還有更多不為人知的冒險。

你問我自然界最可怕的存在是什麼？

是地表上最強的肉食性動物——熊？

肯定不是！

是老婆！

沒錯，就是老婆。這是我說的，所以絕對沒錯（笑）。如果你們是已婚者的話，一定會深有同感地點頭。植村直己在結婚時對妻子承諾結婚以後「不再爬山」。但是，婚後的他仍然沒有停止冒險。他的理由是：

「那不是在爬山！」

這樣的藉口實在太讓人無言了。

只有不怕老婆的男人才有膽子說出這樣的話。

植村直己先生，您就是我們這些怕老婆聯盟的英雄，我們由衷地敬佩您。

好了，暖身話題結束，還是進入正題吧。

植村直己在每次冒險前都會做好充分的準備。

例如：為了橫跨長達3000公里的南極洲，他從北海道的稚內徒步走到九州的鹿兒島（距離恰為3000公里），好讓自己完全掌握這段距離感。

途中，他每晚都在車站的長椅過夜。

最後耗時2個月，徒步完成3000公里的路程。

當他在徒步途中路過兵庫老家時，還被媽媽訓斥：「還不趕快結婚定下來！」受人喜愛的植村直己依然如故。

在絕望之中與「安娜」結下羈絆

一九七四年，33歲的他要挑戰從格陵蘭駕馭犬拉雪橇前進阿拉斯加，橫越1萬2000公里的北極圈，為此每天進行500次揮鞭訓練，並接受完整的訓練，學習如何與狗相處。他與12隻雪橇犬一起挑戰被冰雪包圍的未知世界，開啟一趟冒險旅程。

犬拉雪橇的領頭雪橇犬要負責拖著一條長約2米的牽引繩，帶領其他雪橇犬一起奔跑。植村直己原本選擇一隻勇猛好鬥的雪橇犬當領頭犬，但其他雪橇犬都不聽這隻領頭犬的領導。

即使他換了好幾隻領頭犬，結果還是一樣。

在這12隻雪橇犬中，有一隻母狗從不與其他狗打架。最後，植村直己決定讓牠當領頭犬，其他隻雪橇犬竟然就拚命地跑了起來。

植村直己將這隻狗取名為「安娜」。

那是一段充滿危機的旅程。

有一天，雪橇犬和雪橇都掉進海裡，植村直己先把雪橇犬都撈上岸，再與牠們合力將雪橇拉上來。

還有一天，這些雪橇犬的牽引繩不慎纏在一起，當他試圖解開時，這些雪橇犬卻突然一齊暴動，拖著牽引繩跑得老遠。這些雪橇犬再厲害，體力應該也到極限了吧。雪橇犬走失的植村直己失去移動工具，獨自一人困在北極圈的冰雪世界，面臨著北極熊襲擊的危險，可謂與死亡正面直擊。

植村直己感到絕望，他覺得自己肯定會死在這裡。

然而，就在那一瞬間，他看到有什麼東西朝著他飛奔過來。

！！！！！！！

竟然是安娜。

安娜還把其他逃跑的雪橇犬都帶回來了。

植村直己充滿感激地擁抱安娜，臉頰緊緊貼著牠的臉頰。

植村直己孤身一人挑戰極限，而幫助他超越極限的，正是那隻雪橇犬安娜。

安娜只是一隻雪橇犬，但她肯定是真心想幫助植村直己的吧。

因為，牠總是看著植村直己露出堅定認真的眼神，感受到他一定要完成任務的決心。

在這段長達１萬２０００公里的旅程，唯一從頭到尾跑完全程的雪橇犬就是安娜。

他可以獨自走到極限。

但在超越極限的瞬間，陪在他身邊的，正是他所信賴的夥伴安娜。

「山告訴我，能靠自身力量克服時就要勇敢面對，而不是祈禱。」

然而在他自己的力量無法克服困難時，幫助他的正是與他患難與共，並建立深厚情感的夥伴。

順利完成這趟旅程後，植村直己將安娜帶回日本。回到日本，安娜被帶到北海道的旭山動物園，並生下4隻小狗。

「別只是在原地等待開始。唯有實際付諸行動，才會有事情發生。」

by植村直己

真正重要的，不是言語。真正重要的，是你認真的眼神。

當全世界的人都幸福的時候，
才會有個人的幸福。

——宮澤賢治

只有一名粉絲的作家

貝多芬的《命運交響曲》對宮澤賢治的命運產生深遠的影響。「表現出命運無常的奇妙之處，我也必須寫出這樣的作品。」受到貝多芬作品的啟發，宮澤賢治完成了他的處女作《春天與修羅》。

事實上，宮澤賢治在生前只出版兩本書。分別是詩集《春天與修羅》以及童話集《要求特別多的餐廳》。這2本書都沒有出版社願意出版，是宮澤賢治自費出版的作品。而且，這2本作品完全沒有賣出去。宮澤賢治生前的粉絲可以說只有他的妹妹宮澤敏。

如今，位於岩手縣花卷市的宮澤賢治紀念館每年都有超過20萬人次的參訪人數。每一年，有超過20萬人從日本全國各地前來此地，參觀宮澤賢治的愛用品、原稿……與宮澤賢治相關的物品。

宮澤賢治年輕時與父親不合，曾經離家出走，在東京租了一間約三坪大的房子獨自生活。為了生活，他必須外出工作賺錢。別人介紹他一份工作，是負責運送解剖用的屍體。當他真正面對屍體時，他嚇得全身發抖，只工作1天就不做了。

真沒想到宮澤賢治也有過這樣的艱辛經歷！

後來，他靠著幫大學教授抄寫講義維持生計，空閒時就寫詩、短歌和童話。

據說在那段期間，他每個月都會寫3000頁的原稿。然而，正如前面說過的，這些作品在他生前都不曾公開發表。

宮澤賢治為身染不治之症的妹妹寫童話

有一天，在東京生活的宮澤賢治收到父親的電報。

「敏病重，速歸，父。」

宮澤賢治自小就與眾不同，經常被其他人排擠、孤立。而最能夠理解的人，就是他的妹妹宮澤敏。沒有人比他還要疼愛這個妹妹。

回到岩手之後，宮澤賢治得知宮澤敏的肺部被結核菌入侵。當時沒有藥物可以有效治療結核病，染上結核病的人大多病逝。

宮澤敏問他：「哥哥不回東京嗎？」宮澤賢治回答：「你別擔心這個。從現在起，我會留在你身邊，為你寫詩和童話。」

宮澤賢治在宮澤敏的床邊朗讀自己創作的童話給她聽。

「這個故事叫什麼？」

「叫做《橡實與山貓》。」

山貓法官聽了一郎的意見後，說：「在這些橡實之中，最無能、最愚蠢、最荒唐，頭腦根本就壞掉的那顆橡實，才是最了不起的橡實。」讀到這一幕時，兩人對視而笑，宮澤敏笑著說：「這不就是哥哥嗎？」

從那以後，宮澤敏只要身體狀態比較好，就會纏著宮澤賢治講童話給她聽。當時，宮澤賢治24歲，宮澤敏22歲，她像孩子一樣聽得津津有味，有時還會感動落淚。對於宮澤賢治來說，宮澤敏是他唯一的讀者，也是唯一理解他的人。宮澤賢治為他最心愛的妹妹寫了許多童話。然而，宮澤敏的病情愈來愈嚴重。

一九二二年十一月二十七日，24歲的宮澤敏與世長辭。

那時，宮澤賢治躲進壁櫥裡，然後用棉被蓋住自己，放聲痛哭……

後來，宮澤賢治寫了一首詩〈永訣的早晨〉紀念宮澤敏。

宮澤敏曾在高燒得不省人事時，喃喃說著：「我好想吃雨雪。」於是宮澤賢治跑到院子裡收集從天而降的雨雪，一口一口餵給宮澤敏。這首詩就是描述那時的情景。

〈永訣的早晨〉

就在今日

你要遠行了，我的妹妹啊

雨雪紛飛，屋外異常明亮

（請取些雨雪來）

（當時宮澤敏說的是花卷地方的方言）

※中略※
從鉛灰色的烏雲中
雨雪濕淋淋地沈下
啊，敏子
在妳性命垂危的此刻
為了讓我一生寬慰
妳才開口請求我
帶來這碗清爽的雨雪
謝謝妳，我勇敢的妹妹啊
我也會堅定地向前行
（請取些雨雪來）
※中略※
（※倘若還有來生　望你不再生為如此為自身苦痛之人）
妳要吃的這兩碗雨雪

我在此刻由衷地祈禱
願它成為天上的冰淇淋
為妳和大家帶來神聖的資糧
我願傾盡所有的幸運，為妳祈願

「※望妳來世為人時，別再是一個只能受盡自身痛苦折磨的人，願妳成為一個有能力體會他人痛苦的人。」

宮澤賢治衷心為他勇敢的妹妹祈禱。

這是一首悲傷背後透出美麗的詩。

經歷了妹妹的死亡，宮澤賢治後來創作出如何面對至愛之人死亡的代表作《銀河鐵道之夜》。

不想成為偉人

小時候，宮澤賢治的父親問他：「你長大後想成為什麼？」他回答：「我不知道。可是我不想成為偉人。」

就像他說的一樣，宮澤賢治生前毫無名氣，也不偉大，後來跟宮澤敏一樣染上結核病，37歲病逝。

宮澤賢治不想成為偉人，他只想為了人工作。在岩手縣的花卷農業高中擔任教師時，就算學生交了白卷，他也從不給他們打零分。即使學生只寫上名字，他也會給20分。

因為，就算什麼都不會，這世上也不存在0分的人。

當他決定辭去穩定的教師工作，改行當農民時，校長曾勸他三思，但是宮澤賢治說：「我想要與我們的土地有更多的接觸。當教師把學生培養成出色的農民，當然也是一份重要的工作。不過，光是這樣還不足以了解真正的農民之苦。大雨可能引發洪水沖毀稻田，連日乾旱無雨則會讓稻子枯萎，農民卻只能眼睜睜看著這些情況，無能為力。一想到這些農民，我就無法安逸地當個只會教書的老師。我想與他們一起工作，現在就為他們做些有用的事。」

宮澤賢治看到許多農業學校的學生畢業以後，都因為務農太辛苦而選擇在政府部門或其他地方工作，他心想：「這樣下去不行，我們要建立一個新的農村社會。」因此做出這個決定。

於是，他挨家挨戶地拜訪農民，與他們討論如何增加作物產量，並在各村建立免費的肥料諮詢所。

他還撰寫了《農民藝術概論》，內容不僅包含農業知識，還呼籲農民接觸藝術，重新審視生命的意義。他想要讓艱辛的農業工作也變得美好，創造一個新的世界（第四次元的藝術）。

沒有復活戲碼的宮澤賢治

我認為宮澤賢治是最偉大的超能力者。
他擁有比透視、心電感應、預知能力更偉大的超能力。

那就是不論何時都能和善待人的能力。

這才是真正超越一切的能力，不是嗎？
宮澤賢治一生只出版2本書，而且還是自費出版。
而他的書一本都沒有賣出去，還辭去安穩的教師工作……
年僅37歲的他與世長辭。宮澤賢治的生前沒有所謂的復活戲碼。
宮澤賢治不想成為偉人，他只想為人工作。

為了妹妹……為了農民……

我不會輸給大雨　也不會輸給狂風
我不會輸給冰雪　也不會輸給酷暑
擁有強健的身體
沒有貪念
絕對不生氣
平時總是靜靜地笑著
※中略※
東邊有孩子生病了
就去看顧他　如果西邊有母親疲累了
就去幫她背稻穀
如果南邊有人臨終了
就去告訴他不要害怕

如果北邊有吵架或興訟
就去告訴他們別為無聊的事爭吵
乾旱的時候，我流下眼淚
在寒冷的夏日，我不安的踱步
大家都說我沒用
但我無需他人稱讚
也不給別人添麻煩
這就是我
想要成為的人

這首詩不是宮澤賢治為了發表而創作的作品，單純只是他寫在手帳本的內容，在他去世以後，才有人在行李箱中發現這本手帳本。

想必這首詩就是宮澤賢治的真實心情吧。

宮澤賢治出生於一八九六年。
那年，日本發生規模8.2級的大地震，造成2萬多人死亡。
震央位於宮澤賢治出生的岩手縣東方200公里的海域。
宮澤賢治在地震2個月後的一片混亂中出生。
但在那樣混亂的時代裡，宮澤賢治成長為一個溫柔無比的人。
所有人都笑他是個木頭，沒有人稱讚他，他也不讓人為他擔心。

但是，這樣就很好。
只要東邊有生病的孩子，就去照顧他們，只要西邊有疲憊的母親，就去幫忙她背稻穀。這樣的人生不就是一種藝術嗎？
即使人生沒有起死回生的戲劇性轉折，但只要為了某人溫柔地活著，那便是最高的藝術。正是宮澤賢治教會我這一件事。
真正的起死回生，並不是結果。
而是不管最後的結果如何，都會為了某人溫柔地活著。

宮澤賢治的意念，我想把它傳遞給你們。
我想成為，那樣的人。

所有的問題，
都是為了讓你變溫柔，所以才存在著。
溫柔，才是這個宇宙最棒的藝術。

結語

「我在未來等著你喔」

他從小就很害羞，總是為一些小事煩惱不已。而且，他很容易就臉紅，所以無法正常與人對視，也因此一直沒交到女朋友。

18歲那年，他離開了家鄉新潟，在東京開始一個人的生活。進入大學以後，他加入棒球社。在第一次參加棒球社的聚會上，他一個人孤零零地坐著，結果被學長臭罵一頓：

「你這傢伙從剛才就一直板著臉，是在不爽什麼！」

他根本就沒有在生氣，只不過是沒表情而已。

他只不過是沒辦法跟旁邊的人嘻嘻哈哈地聊天而已。

加入這個社團才３天，他就決定退社了。

很少去學校上課的他覺得非常孤單與寂寞。有一天早上，他踏上一段沒有目的的旅程。他來到山梨縣的一座小湖，望著湖面的他感到無比寂寞，不禁潸然淚下。當晚，他在筆記本寫下：

「我不想就這樣死去。神啊，如果祢真的存在，請救救我。」

時光流逝，到了出社會找工作的時期。
他依舊很難正常地與人對視，完全沒有信心通過面試。然而，一位朋友對他說：
「我介紹的話，那間公司就會立刻錄取你，要不要試試？」
於是，他立刻拜訪那間公司。老闆一見到他就直接問：
「你願意來我們公司上班嗎？」
他甚至還不知道那間公司是做什麼的，就直接答應了對方。
那是一間做網購的公司，然而，銷售正是他最害怕的工作。
個性害羞的他在推銷時總是語無倫次、吞吞吐吐，有時推銷到一半時，還會讓客戶不小心聽到睡著。
面對聽到睡著的客人，他不知道自己該中斷還是繼續講下去……
為此不知所措的他覺得這樣的自己真的很丟臉。
只能看看有沒有辦法不用跟客戶見面就能推銷……

對了！我怎麼不用寫的呢！

於是，他決定每天都手寫網購雜誌。

他開始每天抄寫網購目錄，3個月以後，他漸漸明白了「傳達」的真諦。

然後，他開始製作廣告，並將這些廣告傳真給各個企業。

1年後，他竟然成為公司的頂尖銷售員。

沒錯，這個人正是我，翡翠小太郎。

截至二〇二三年為止，我撰寫了超過70本關於如何教人樂觀、積極的書籍。

其實，我並不是天生就擅長寫作。相反地，我在學生時期非常不會寫作文。

不過，正因為我的個性害羞又內向，只能透過文字傳達自己的想法，所以才會鍛鍊出我的寫作能力。

更因為我不是一個性格開朗樂觀的人，經常覺得自己活得好辛苦，所以我比任何人都認真地探索該如何讓自己過得更快樂。

因此，現在的我才能夠寫出這些書。

擁有這些過去的我，後來有機會站上大阪歷史性的地標——大阪市中央公會堂的舞台。一名住在大阪的主婦讀了我的書以後，覺得她的人生因此不同，於是為了向我表達感謝之意，策劃一場名為「翡翠祭典」的活動。當天，座無虛席，來了1000名觀眾。

當我站上舞台時，1000名觀眾齊聲呼喊「翡翠小太郎」，手上揮舞著寫有我名字的毛巾，現場一片歡騰。那一刻，我覺得自己就像個偶像明星一樣（笑）。當初那個孤獨地在湖邊哭泣的我，從未想過有一天會經歷這樣的場景。

所以，我想告訴你們一件事：

現在困擾著你的煩惱和不安，都是為了成為未來某個人的希望，所以才會存在的。過去的我一直在煩惱該怎麼做才能活得快樂。那時的煩惱正是為了點亮你內心的光芒。

煩惱之所以存在，是為了將來與某個人相遇時，點燃對方心中的光。看完這一本書，想必你已經明白困難、逆境、掙扎、不幸……這些擋在自己面前的「牆」，終將成為某個人的希望之「門」。

看過這些歷史偉人的你，想必應該已經明白，不管發生什麼事，都無需擔憂。在人生的故事裡，根本沒有真正的幸福或不幸，也沒有所謂的幸運或不幸運。一切都是讓你的愛變得更加深厚的過程和故事。所以，迎接它吧！展現你的實力吧！讓所有的經歷都成為通向傳奇的伏筆。過去的一切種種，都是為了今後的你而存在的。

一切都是為了讓你成為真正的自己。

這個世界正等著你的登場。

因為有你，這個世界才會變得更加溫暖。

感謝你成為你自己。

那麼，我們下次再見吧。

翡翠小太郎

参考文献

『ONE PIECE』尾田栄一郎（集英社）
『Mens' NONNO』2010年1月号（集英社）
『漢字幸せ読本』
ひすいこたろう＋はるねむ（KKベストセラーズ）
『ザ・バースデー365の物語』
ひすいこたろう＋藤沢 あゆみ（日本実業出版社）
『長嶋茂雄―夢をかなえたホームラン』
小林伸也（ブロンズ新社）
『野球は人生そのものだ』長嶋茂雄（日本経済新聞出版社）
『飛田穂洲の高校野球入門』
飛田穂洲（ベースボール・マガジン社）
『長嶋イズム』深澤弘編著（マガジンハウス）
『長嶋茂雄―永遠不滅の100伝説』
ミスタージャイアンツを愛する会（テーミス）
『絶望の隣は希望です！』やなせ たかし（小学館）
『もうひとつのアンパンマン物語』
やなせ たかし（PHP研究所）
『安藤百福』石川憲二 海野そら太イラスト（集英社）
『苦境からの脱出』
安藤百福（フーディアムコミュニケーション）
『大器晩成!!成功のヒント』櫻井光行（実業之日本社）
『安藤百福かく語りき』安藤百福（中央公論新社）
『アップル宣言 クレイジーな人たちへ』
アップルコンピュータ・著
真野 流・訳 北山 耕平・訳（三五館）
『わが友 本田宗一郎』井深 大（ごま書房新社）
『この人を見よ！ 歴史をつくった人びと伝 1 本田宗一郎』プロジェクト新・偉人伝（ポプラ社）
『プレジデント』2011年3月7日号（プレジデント社）
『ソフトバンク 新30年ビジョン』ソフトバンク新30年ビジョン制作委員会（SBクリエイティブ）
『プロジェクトX 東京タワー 恋人たちの戦い』NHK
『出光佐三 反骨の言魂』水木楊（PHPビジネス新書）
『海賊とよばれた男 上下』百田尚樹（講談社）
『出光佐三語録』木本正次（PHP文庫）
『出光佐三 魂の言葉』滝口凡夫編（海竜社）
『運命の流れを変える！ しあわせの「スイッチ」』
ひすい こたろう＋ひたか みひろ（三笠書房）
『人生最後の日にガッツポーズして死ねるたったひとつの生き方』ひすい こたろう（A―Works）
『11月14日付「月形洗蔵関係書翰」109』
『金玉文藻帖』福岡市博物館蔵
『向陵集』野村望東尼
『野村望東尼』谷川佳枝子（花乱社）
『野村望東尼』小河扶希子（西日本新聞社）
『流人望東尼』小石房子（作品社）
『高杉晋作・久坂玄瑞』林田愼之助 亀田 一邦（明徳出版社）
『吉田松陰全集』山口県教育会編（大和書房）
『幕末武士道、若きサムライ達』山川健一（ダイヤモンド社）『高杉晋作』藤岡信勝（明治図書出版）
『高杉晋作』海原徹（ミネルヴァ書房）
『漢字セラピー 五つ星のしあわせ』
ひすいこたろう＋はるねむ（ヴィレッジブックス）
『この人を見よ！ 歴史をつくった人びと伝 9 マザー・テレサ』 プロジェクト新・偉人伝（ポプラ社）
『決定版 心をそだてるはじめての伝記101人』（講談社）
『星に祈りを 生きるための77の言葉』八坂 裕子（サンリオ）
『3秒でもっとハッピーになる名言セラピー』
ひすいこたろう（ディスカヴァー・トゥエンティワン）
『この人を見よ！ 歴史をつくった人びと伝 2 黒澤明』
プロジェクト新・偉人伝（ポプラ社）
『この人を見よ！ 歴史をつくった人びと伝 3 植村直己』
プロジェクト新・偉人伝（ポプラ社）
『新校本 宮沢賢治全集』宮沢賢治（筑摩書房）
『農民芸術概論綱要』宮沢賢治（筑摩書房）
『宮沢 賢治』西本鶏介 画・朝倉摂（講談社）
『宮沢 賢治』西本 鶏介（ポプラ社）

Special thanks

撰稿協助　柴田エリー

編輯協助　田中孝行　坂口惣一　ミッチェルあやか（編集hisuibrain）

弓削田健介　柳沼豊　円堂愛子　浅野信哉
伊東美佳　高橋奈々 新潟 宮尾農園

山田町的大家
（大石秀男　三五十・大杉繁雄　間瀬慶蔵　野澤卓央　高松洋子）

Team Hisui @岩手
（相澤久弥　梅津愛子　遠藤佳史　久保田欽也　熊谷良恵　佐々木真希子
佐々木百恵　佐藤浩枝　佐藤正伸　武田剛　安藤聡子）

にっくん　石井詩織　宗誠二郎　草苅睦子　桑野桂　白石知美
聚珍社　宮沢賢治　宮沢とし子 十日町十二社神社　日本橋小網神社

●作者簡介

翡翠小太郎

作家、幸福的譯者、天才文案作家。以「只要改變觀點，人生就會大不同」為座右銘，講求看事物的角度。向衛藤信之學習心理學，取得諮商心理師證照。著作《3秒でハッピーになる名言セラピー》（Discover 21, Inc.出版）於2005年獲得Discover MESSAGE BOOK大賞特別獎，亦有多數著作，如：與SHOGEN共同著作的《今日、誰のために生きる?》（廣濟堂出版）、《有人因你活著而幸福嗎？》（方智出版）等等。《人生最後の日にガッツポーズして死ねる たったひとつの生き方》（A-Works出版）是作者本人最推薦的著作。立志「成為這個星球的哆啦A夢」，要從四次元百寶袋拿出讓未來變有趣的好點子，日夜勤勉地向前邁進。幾乎每日於YouTube頻道更新「名言療法」。

轉身，就是向陽處

人生沒有最糟糕的日子，只有迎接全新自我的那天

出　　版／楓書坊文化出版社
地　　址／新北市板橋區信義路163巷3號10樓
郵政劃撥／19907596 楓書坊文化出版社
網　　址／www.maplebook.com.tw
電　　話／02-2957-6096
傳　　真／02-2957-6435
作　　者／翡翠小太郎
翻　　譯／胡毓華
責任編輯／陳亭安
內文排版／楊亞容
港澳經銷／泛華發行代理有限公司
定　　價／380元
初版日期／2025年5月

國家圖書館出版品預行編目資料

轉身,就是向陽處：人生沒有最糟糕的日子,只有迎接全新自我的那天 / 翡翠小太郎作；胡毓華譯. -- 初版. -- 新北市：楓書坊文化出版社, 2025.05　面；　公分

ISBN 978-626-7548-89-9（平裝）

1. 傳記 2. 日本

783.11　　114003806